AFFECTIONS DES VEINES

NOTES DE CLINIQUE & DE THÉRAPEUTIQUE

SUIVIES D'UN

APPENDICE SUR BAGNOLES-DE-L'ORNE

Dʳ E. CENSIER

AFFECTIONS DES VEINES

NOTES

DE CLINIQUE ET DE THÉRAPEUTIQUE

SUIVIES D'UN

APPENDICE SUR BAGNOLES-DE-L'ORNE

PARIS

A. MALOINE, Éditeur

23-25, RUE DE L'ÉCOLE-DE-MÉDECINE

1901

AVANT-PROPOS

Nous n'avons nulle autre prétention, en publiant ce petit livre, que celle de résumer pour nos confrères et leurs clients, qui peuvent devenir momentanément les nôtres, certaines notions pratiques de la spécialité des maladies des veines, que nous ont mis à même de connaître dix années d'exercice dans une station dont la spécialisation [bien établie par la régularité des résultats obtenus], groupe, pour l'observation des praticiens, de nombreux échantillons de toutes les modalités cliniques de cette pathologie. Dans plusieurs de nos chapitres nous n'avons eu d'ailleurs qu'à condenser ce que nous avons déjà exposé dans des travaux de plus longue haleine.

TABLE DES MATIÈRES

	Pages.
De la circulation normale dans le système veineux....................................	9
Des troubles intrinsèques de la circulation dans le système veineux...................	16
Le tissu veineux, ses altérations, ses réactions et leur étiologie...........................	22
Rôle de la thérapeutique chirurgicale dans les affections des veines....................	29
Rôle de la thérapeutique médicale et médicamenteuse dans les affections des veines......	32
Rôle de la thérapeutique hydro-minérale dans les affections des veines....................	39
Hygiène dans les affections des veines. Contention des varices. Le bas élastique........	57

AFFECTIONS DES VEINES

NOTES DE CLINIQUE & DE THÉRAPEUTIQUE

DE LA CIRCULATION NORMALE DANS LE SYSTÈME VEINEUX

Les échanges nutritifs entre le sang et les tissus se font essentiellement, dans l'intimité même de ceux-ci, au niveau du riche réseau capillaire interposé entre les terminaisons des dernières ramifications artérielles et veineuses. Là, l'impulsion produite sur le courant sanguin par la contraction cardiaque augmentée, suivant les cas, par certaines causes telles que le poids de la colonne sanguine, l'acte de l'effort, mais continuée, maintenue et régularisée par l'élasticité, la contractilité des parois artérielles et le fait de la divisibilité des ramifications de l'arbre artériel, cette impulsion, disons-nous, est arrivée à son minimum. Le torrent circulatoire s'est transformé en une sorte de bain à courant continu, où la cellule, grâce à l'extrême minceur, à la porosité, à la capillarité des parois vasculaires, puise dans le sang les matériaux dont elle refait son intégrité, en lui abandonnant les déchets de ses combustions, de son usure.

Le sang, ainsi dépouillé de ses principes vivifiants et saturé de matières adultérées et nocives, doit être repris par les vaisseaux veineux pour être porté dans les organes spéciaux où il pourra refaire sa composition nutritive.

Cet aperçu très schématique suffit pour faire comprendre que si au cœur, comme organe d'impulsion, et au système artériel comme continuateur et régulateur de cette impulsion et distributeur de la nappe sanguine, sont dévolues des fonctions capitales, celle du système veineux n'est pas d'une importance secondaire, mais en réalité aussi nécessaire à la vitalité des tissus. C'est par l'intégrité des parois de ses vaisseaux, le libre cours du sang dans ses réseaux qu'il doit assurer la reprise d'un liquide dont la stase entraverait le travail nutritif et par infiltration de sérosité, d'où compression, étouffement des cellules, et par dépôt, stagnation dans les mailles des tissus de matières d'usure devenues des poisons de la nutrition.

Mais ceci qui est déjà vrai pour le système veineux, et surtout dans ses plus fines ramifications, l'est plus encore au niveau du réseau capillaire dont les parois sont réduites au minimun de résistance, et ont le maximum de porosité. Il est donc nécessaire, pour que l'équilibre de tension y soit parfait, que le retour du sang par les veines n'éprouve pas d'obstacle anormal, et nous allons voir que la circulation en retour est plus complexe et plus délicate que celle de la canalisation cardio-artérielle, d'où il s'ensuit qu'elle est plus sujette à subir des entraves.

L'impulsion de l'ondée sanguine artérielle a, par la divisibilité vasculaire, perdu la plus grande partie de sa force; les parois des vaisseaux terminaux sont devenues également très faibles, et il ne faut compter que pour une petite part la poussée cardiaque dans le fait du passage du sang des capillaires dans les ramuscules veineuses. Pourtant, là, il aura à cheminer vers les gros troncs veineux, et à gagner la cavité droite du cœur chargée de l'envoyer se régénérer dans le poumon. Si le corps est au repos et couché, ce trajet se fera facilement. Si le corps est dans la position debout, il faudra une force ascensionnelle capable de l'élever. Cette force, qui ne peut plus être du refoulement cardiaque, est au contraire une force d'aspiration, résultante de l'acte respiratoire;

la tendance au vide, produite dans la cage thoracique par l'inspiration, agit comme une pompe aspirante. Mais cette aspiration est discontinue, cessant pendant l'expiration, et c'est alors que nous voyons intervenir les valvules qui, dans les grosses veines, sont disposées de telle sorte que le sang ne puisse rétrograder lorsque l'aspiration thoracique cesse de se produire, et cela surtout dans la station debout où le propre poids du sang agit, et encore dans l'acte de l'effort lorsque la contraction musculaire tend à vider les veines à la manière d'une éponge que l'on exprime.

D'autre part, ce fait de la contraction musculaires doit être envisagé en particulier, car, si la contraction vide les veines, la décontraction tend à rétablir leur calibre, à les remplir de nouveau en attirant le sang dans le sens que lui permet la direction des valvules. Les muscles peuvent donc, dans leur action propre, être considérés isolément comme des pompes aspirantes et foulantes venant contribuer au cours du sang veineux.

Enfin il y a encore à considérer la disposition particulière aux parties les plus extrêmes du réseau veineux, à la plante du pied, et à la paume de la main. Là, en effet, Bourceret (1) et

---

(1) BOURCERET. — Note à l'Acad. des sciences (lue par Vulpian), 1885.

Lejars (1) ont étudié avec soin un dispositif spécial que déjà Le Dentu (2) avait comparé à une « sorte de cœur situé à l'extrémité du membre inférieur », et dont le mécanisme, qui n'est plus fonction vitale, est dû simplement à l'action physiologique de la marche. A la face plantaire du pied, en effet, comme à la face palmaire de la main, existe « une véritable couche vasculaire formée surtout de veines d'un calibre de un demi, un et deux millimètres, pressées les unes contre les autres au point de former une véritable semelle vasculaire » (Bourceret) ; « nous marchons, commele dit Lejars, sur une nappe de sang » ; dans la marche, ce lac se remplit quand le pied se soulève ; quand, au contraire, il s'appuie à terre, il tend à se vider, le sang en est chassé dans le sens de la propulsion du courant veineux.

Voici donc deux adjuvants de la circulation veineuse : la contraction musculaire et l'appui des faces palmaires et surtout plantaires qui viendront, en temps utile, ajouter leurs forces à celles des actes réguliers de la poussée sanguine cardio-artérielle et de l'aspiration thoracique. Dans la position verticale du corps, alors que la propulsion du sang veineux trouve, pour le

(1) LEJARS. — Etude sur le système circulatoire, Paris 1804, p. 10.
(2) LE DENTU. — Thèse, Paris 1867.

membre inférieur en particulier, un obstacle dans le poids même de la colonne sanguine, le concours des deux forces adjuvantes devient très utile pour ramener un bon équilibre ; mais encore faut-il pour la contraction musculaire et pour l'appui plantaire que chacun soit intermittent pour permettre le mouvement de pompe aspirante et foulante. De là, il est facile de poser une conclusion qui aura sa place bien marquée dans l'hygiène des variqueux, que la position la plus favorable au cours du sang veineux est la position couchée, la plus défavorable la position verticale, à moins que celle-ci, au lieu d'être une station debout, ne se transforme en l'acte régulier de la marche physiologique, laquelle ne devra encore pas être une allure ni forcée, ni trop rapide, ni trop prolongée, car alors interviendraient les nouveaux facteurs de passivité de l'action vaso-dilatatrice, de la force centrifuge, en dernier chef de l'asystolie veineuse de Remy (1), la production du ralentissement, de la stase, à l'inverse de l'impulsion circulatoire.

Nous ne nous arrêterons pas ici à la disposition des valvules placées dans les divers vaisseaux de manière à favoriser le décours du sang veineux, à dégorger d'abord les parties qui en

(1) REMY. — Traité des varices des membres inférieurs, Paris 1901.

ont le plus besoin en envoyant le sang veineux dans des directions où les obstacles seront moindres, ni sur l'enchâssement particulier des lacis veineux plantaire et palmaire dans le tissu conjonctif et l'épaisseur même du derme ; il nous suffit de faire ressortir que la circulation veineuse a besoin du concours normal de toutes les forces d'impulsion que nous venons d'examiner, de même que de l'intégrité des parois de ses vaissseaux et du bon fonctionnement du jeu des valvules, et il nous sera facile d'en déduire les causes qui viennent entraver la circulation du sang dans les veines, et les moyens à employer pour chercher à y porter remède.

DES TROUBLES INTRINSÈQUES DE LA CIRCULATION DANS LE SYSTÈME VEINEUX

Parmi les obstacles à la circulation du sang veineux, il y a d'abord à noter ceux qui sont, pour ainsi dire, des actes physiologiques ; il en est ainsi au niveau des anneaux fibreux intra-musculaires dans lesquels passent certaines veines. Il nous paraît évident que leur constriction, due à l'action musculaire sous l'influence de la marche, d'un effort comme celui de lever un poids, a pour but de retarder l'écoulement du sang hors des lacs dont nous avons parlé, de maintenir pendant un temps plus ou moins prolongé leur résistance élastique ; mais il n'en est pas moins vrai que les parois des veines subissent le contre-coup de cette pression exagérée, les coups de bélier musculaire et thoraco-abdominal de Delore (1), et qu'elles auront une tendance à céder dans le sens de l'élargissement, de leur calibre. Si cet élargissement se produit, si l'élasticité de la paroi est vaincue de telle sor-

(1) DELORE : Sur le traitement des varices, Congrès de chirurgie, Lyon, 1894.

te que la dilatation soit permanente, il pourra s'en suivre une insuffisance au niveau des valvules, qui dès lors ne rempliront plus leur office de diviser la colonne sanguine, de s'opposer au refoulement du sang, de présider à la distribution méthodique de celui-ci dans le système veineux.

D'autre part, de semblables troubles de circulation peuvent être le produit de causes diverses. Nous avons noté plus haut celles de l'effort et de la station verticale prolongée ; mais la dilatation veineuse, l'insuffisance valvulaire peuvent être originelles ; elles peuvent avoir une prédisposition également originelle ; elles peuvent être commandées ou favorisées par un état diathésique, par une condition physiologique spéciale passagère ; déterminées par une inflammation, une oblitération du vaisseau.

Il y a de jeunes sujets chez lesquels une dilatation veineuse, quelquefois intermittente, paraît coïncider avec une minceur particulière, un défaut d'élasticité de la paroi veineuse. Ils nous ont paru le plus fréquemment de souche arthritique, et nous avons souvent trouvé chez eux d'autres états organiques analogues, de la faiblesse, de la laxité articulaires, de la dilatation, de la parésie intestinales. En tout cas il nous est possible d'affirmer une ectasie veineuse de souche arthritique, que nous avons relatée chez bon nombre de sujets rhumatisants chroniques ou goutteux, présentant de la dilatation veineuse simple, et jointe à des phénomènes variés dont nous parlerons plus loin ; il est d'ailleurs admis par les auteurs que la progression variqueuse, qui est faite de dilatation canaliculaire, d'insuffisance valvulaire et de dégénérescence du tissu vasculaire, trouve dans le terrain arthritique des conditions favorables à son développement.

Puis nous avons parlé de condition physiologiques spéciales passagères ; la grossesse en réalise un état bien net. Ce n'est pas en effet seulement le poids du fœtus qui, venant comprimer les grosses veines du bassin, produit en amont de la stase, quoique à la fin de la grossesse surtout il puisse y avoir à compter avec cet appoint dans la formation des varices des femmes enceintes. Mais il y a d'autres éléments, et qui agissent dès le début de la grossesse : une action excitante du fœtus créant une suractivité locale dans les fonctions circulatoires de l'utérus, à laquelle s'ajoute une action nerveuse de vasodilatation. Cet état de dilatation veineuse de la grossesse, comme celui de la jeunesse, peut d'ailleurs disparaître complètement, surtout avec un traitement bien dirigé, pourvu que le tissu veineux n'ait pas été forcé, ou n'ait pas subi un commencement d'altération, en un mot, qu'il n'ait pas atteint le degré de dilatation permanente et pathologique qui est l'état variqueux proprement dit.

Enfin, un obstacle à la circulation veineuse peut être produit par une inflammation aiguë ou chronique d'un vaisseau veineux : les périphlébites et les phlébites aiguës, pouvant diminuer ou oblitérer la lumière du vaisseau, la phlébite chronique et l'état variqueux avec ses diverses modalités.

L'état variqueux est d'ailleurs le facteur le plus fréquent des troubles de la circulation veineuse ; nous venons de le définir avec les auteurs : *dilatation permanente* et *pathologique* des veines ; c'est donc un état essentiellement chronique, ou tout au moins qui a une tendance constante à la chronicité et à l'aggravation progressive, que la cause en soit purement mécanique, qu'elle soit surtout sous la dépendance d'un état diathésique qui crée la phlébite chronique spéciale à l'état variqueux ; enfin qu'il y ait alliance de ces divers processus.

Pour ce qui est de la cause mécanique, elle peut être simplement suite d'efforts répétés, de station verticale, de fatigues prolongées, ramenant à la suite l'*asystolie veineuse* que Remy a étudiée dans les professions actives, dans les professions à station verticale ou immobilité, localisée au membre qui se fatigue le plus (1). Dans tous les cas, par suite de la fatigue, il y a simultanément diminution de la force des contractions musculaires et diminution de l'action nerveuse ; la veine devient impuissante à lutter, et se laisse dilater ; les valvules saines d'ailleurs deviennent insuffisantes. Mais il peut aussi y avoir à cette insuffisance valvulaire une disposition originelle ; soit que certaines de ces valvules viennent à manquer entièrement, ou qu'elles disparaissent peu à peu par une sorte d'atrophie qui commence quelquefois dès la naissance, comme l'ont montré les recherches de Bardeleben, de Lestrade, de Klotz, soit qu'un état de dilatation vasculaire les rende simplement insuffisantes. En tous cas, une tension sanguine anormale se trouve, du fait de l'insuffisance valvulaire, reculée dans des vaisseaux qui n'étaient pas faits pour lui résister. Delbet a montré expérimentalement (2) les variations considérables que peut éprouver cette tension ; nous aurons à revenir sur les résultats de cette expérience.

En dehors de l'ectasie vasculaire, de l'insuffisance valvulaire, de l'état variqueux, des troubles circulatoires peuvent être produits dans le

---

(1) Remy. Loco citato, p. 83.

(2) Delbet. Du rôle de l'insuffisance valvulaire de la saphène interne dans les varices du membre inférieur. *Semaine Médicale*, 13 oct. 1897, et Leçons de clinique chirurgicale, 1899.

système veineux par l'altération de la paroi vasculaire. L'état variqueux, qui comprend déjà des lésions de dilatation et de rétrécissement localisés, d'allongement et de flexuosité, compliquées de mauvais fonctionnement valvulaire, est aussi, nous l'avons déjà dit, le plus souvent combiné à des altérations de la paroi veineuse que nous avons maintenant à envisager.

LE TISSU VEINEUX, SES ALTÉRATIONS, SES RÉACTIONS ET LEUR ÉTIOLOGIE

Le tissu qui compose la paroi des veines est particulièrement curieux à étudier, car si on peut opposer physiologiquement à l'activité circulatoire du système cardio-artériel la passivité de la circulation veineuse, on doit reconnaître au tissu veineux lui-même une sensibilité particulière, qui lui permet de faire pour ainsi dire acte de vitalité propre, de réagir à certaines influences nerveuses, de manifester, comme organe isolé, sa dépendance aux infections et aux diathèses individuelles. Cette influence si facilement ressentie peut tenir d'ailleurs pour une part au fait que ses canaux servent de véhicule précisément au sang qui vient à être adultéré par les déchets de l'organisme, par diverses toxines. De là naissent ces phlébites aiguës qui peuvent se manifester dans toute infection aiguë, qu'elle soit de nature puerpérale ou autre ; de là aussi ces phlébites de la cachexie comme celles du dernier terme de la tuberculose. Mais dans ces cas, ce qu'il y a d'intéressant à remarquer c'est que la maladie revêt plutôt la forme thrombosique presque mécanique, tandis que nous trouvons ailleurs des réactions plus vives de la paroi sans que le processus thrombosique tende autant à se produire.

Placé sur un terrain d'observation spécial, il nous a été donné de pouvoir étudier ces formes cliniques, souvent peu définies, de congestions du tissu veineux, de périphlébites, de phlébites même à allures incertaines, subaiguës souvent, migratrices, récidivantes, jointes à des antécédents héréditaires qui démontrent clairement des prédispositions, des manifestations familiales, plus ou moins combinées à l'état variqueux héréditaire, partant diathésique. C'est ainsi que nous avons pu nous attacher à faire ressortir dans une série de travaux, auxquels bon accueil a été fait, ce qui ressortait des faits chaque jour plus nombreux qui passaient sous nos yeux. Nous ne reviendrons donc sur tout ce que nous avons dit ailleurs que pour présenter à grands traits les faits que nous croyons sans conteste.

En dehors des accidents nerveux qui accompagnent ou qui survivent plus ou moins longtemps à certaines phlébites (troubles nerveux tardifs de Vaquez) (1), et qui peuvent être d'ordre moteur, sensitif, trophique et sans relation

---

(1) Vaquez, in Clinique de la Charité, p. 796.

directe avec la gravité et la durée de la phlébite, le tissu veineux, avons-nous dit, peut être solidaire de certaines influences nerveuses ; quelquefois il subit une sorte de parésie individuelle, plus ou moins généralisée à d'autres organes, et se montre à notre observation avec un état d'ectasie souvent originelle ; d'autres fois il manifeste une réaction de vitalité exagérée qui se traduit par de l'éréthisme. Or, cet éréthisme veineux nous l'avons distingué de l'induration vraie étudiée par Duponchel, par Bitot, par Régnier dans un terrain jeune et relativement physiologique si ce n'est avec un peu de surmenage physique, et aussi des cas d'induration que Letulle, Hayem ont observés dans des cachexies ; nous avons décrit un état spasmodique transitoire, sans lésion appréciable de la paroi veineuse parfois douloureuse, d'autres fois sans réaction de sensibilité particulière.

Le spasme de la paroi veineuse est d'ailleurs connu des chirurgiens qui l'ont observé dans l'opération du varicocèle, par exemple, et Rémy a vu, dans ses opérations sur les varices, la contractilité, réveillée au contact du bistouri, réduire une saphène de la grosseur de l'index au volume d'une plume de corbeau (1) ; et la

(1) Loco citato, p. 69.

contractilité elle-même est un élément de la vaso-dilatation et de la vaso-constriction de la physiologie de la circulation veineuse.

Mais nous sommes aujourd'hui en mesure de compléter nos premières observations en distinguant deux formes d'éréthisme veineux transitoires se présentant par crises récidivantes. L'une est bien du domaine de l'arthritisme, c'est celui que Rendu (1), rappelant nos premières observations, attribue à l'uricémie, à la réaction de la paroi veineuse au contact d'un sang surchargé d'acide urique. La seconde forme d'éréthisme veineux, plus rare certainement, paraît plus directement du domaine du nervosisme, parfois même en dehors du neuro-arthritisme.

Entre les types bien caractérisés de ces deux formes d'éréthisme veineux il y a, comme dans tous les faits cliniques, place pour les intermédiaires soit que l'uricémie, soit que la névropathie soit le phénomène dominant, et l'on peut d'ailleurs dire que l'éréthisme veineux uricémique est manifestation de neuro-arthritisme.

Les nuances se retrouvent de même lorsqu'on passe de l'éréthisme simple, sans lésion, au *rhumatisme veineux* et aux diverses formes de localisation sur les veines du processus gout-

(1) Bulletins et mémoires de la Société médicale des hôpitaux de Paris 1898, 31, XV.

teux. On trouve là une série de faits, d'un diagnostic souvent très délicat, où se manifestent des formes de congestions plus ou moins transitoires des parois des veines, de périphlébites, de phlébolites uratiques, jusqu'aux endophlébites à marche aiguë, subaiguë ou chronique ; et ce qu'il faut surtout retenir du nombre relativement considérable de ces faits, est l'importance de l'uricémie, de la diathèse arthritique dans leur étiologie, comme dans celui du processus variqueux lui-même, soit qu'il se présente sous la forme de la progression variqueuse simple, soit qu'il s'accompagne de modalités inflammatoires.

Le processus variqueux tient aussi sa place dans la phlébite chronique, si tant est qu'il faille revêtir de cette dénomination la dégénérescence vasculaire qui l'accompagne ou le détermine.

Rémy (1) fait remarquer l'abondance du tissu conjonctif dans le tissu veineux. Il a distingué autour de chaque faisceau musculaire des gaines conjonctives qui sont une prédisposition à la sclérose du muscle, et aussi des tractus conjonctifs qui relient la veine aux lobules adipeux voisins et même à la peau. Les dégénérescences conjonctive et graisseuse seraient les altérations presque uniques de la paroi des veines vari-

(1) Loco citato, p. 43.

queuses pour cet auteur, qui n'a retrouvé qu'exceptionnellement les plaques blanches calcaires caractéristiques admises par Cornil.

Au début, ce serait le plus fréquemment l'hypertrophie compensatrice des fibres lisses, analogue à l'hypertrophie cardiaque de lutte ; plus tard, apparaîtrait la myosite interstitielle hypertrophique où le tissu conjonctif prend des proportions très considérables. Mais, pour Rémy comme pour Cornil, il faut laisser une large place aux dilatations des vasa vasorum autour desquels Rémy a souvent trouvé des *foyers inflammatoires pericapillaires* ; et le processus conduit de proche en proche à la phlebosclérose, à laquelle peut s'associer la dégénérescence graisseuse.

Nous n'avons pas à insister sur ces recherches qui n'ont qu'un intérêt secondaire ici où nous voulons surtout étudier les symptômes cliniques en vue de leur thérapeutique, et, après avoir rappelé les accidents nerveux post-phlébitiques si bien étudiés par Vaquez, nous devons insister cependant sur les deux formes de déformations articulaires post-phlébitiques pour noter que si les unes peuvent être de simples phénomènes paralytiques parfaitement guérissables, les autres sont des produits de sclérose, d'adhérences entre les aponévroses, les tendons, les muscles par le fait de processus scléreux, dès lors du domaine de l'arthritisme et de la sénilité, et revêtant une tendance à la chronicité et à l'aggravation progressive.

Nous nous arrêterons donc dans cette étude clinique, ne voulant pas aborder l'examen des complications qui, chez certains variqueux, peut atteindre la peau, ou les tissus profonds et jusqu'aux os, cas particuliers qui nécessitent des traitements spéciaux.

ROLE DE LA THÉRAPEUTIQUE CHIRURGICALE DANS LES AFFECTIONS DES VEINES

Depuis quelques années la confiance inspirée anx chirurgiens par les méthodes antiseptique ou simplement aseptique a rappelé leur attention sur les interventions possibles dans les affections des veines, et on commence à produire quelques statistiques qui ont peut-être encore besoin du contrôle du temps pour recevoir leur pleine confirmation. Mais, dès aujourd'hui, on peut juger dans quelles bornes assez étroites elles doivent être renfermées. Quelques tentatives hardies pour limiter l'endophlébite thrombosique par des ligatures posées sur les veines n'ont pas eu d'imitateurs ; il aurait dû suffire d'envisager l'état réactionnel de la paroi veineuse, la tendance à la propension phlébitique, le mode de formation thrombosique, pour détourner de l'idée de tout shock opératoire.

La chirurgie des veines paraît donc devoir réserver ses interventions aux tumeurs hémorrhoïdaires trop gênantes par leur volume, ou de tendance hémorrhagique inquiétante, et à certaines tumeurs variqueuses du membre inférieur mettant ceux qui en sont atteints dans un état de gêne trop prononcée pour les occupations auxquelles ils sont astreints. Ce que nous avons dit de la progression variqueuse suffit d'ailleurs pour établir que l'extirpation d'un paquet variqueux peut amener une amélioration considérable, urgente dans la situation d'un malade, mais non pas la cure radicale de l'état variqueux toujours plus ou moins généralisé, et que la généralisation même de cet état et les adhérences, les dégénérescences des tissus veineux et des tissus ambiants peuvent apporter souvent de grandes difficultés à l'intervention sanglante.

Cependant il est juste d'admettre que l'opération est, pour certains malades, un réel besoin et peut devenir un bienfait dont la quiétude de la chirurgie actuelle ne permet pas de leur refuser le bénéfice immédiat. Quant à la question d'avenir, Remy (1) résume les espérances qu'elle peut donner en disant que si « il est difficile que l'opération soit complète, et impossible d'enlever tous les vaisseaux malades, l'anatomie et la physiologie pathologiques donnent au chirurgien l'espérance de produire des améliorations à distance sans qu'il soit dans la nécessité absolue de détruire toute l'étendue du mal ; que des veines dilatées encore à la période de l'hypertro-

---

(1) Loco citato, p. 220.

phie compensatrice, reprendront leur état naturel ; que des veines présentant de la périphlébite pourront se guérir quand le choc rétrograde du sang sera supprimé ; et enfin que, en supprimant une veine malade, on anémie les capillaires qu'elle émet au loin, et on peut arrêter la sclérose et les troubles de nutrition. »

D'autre part, si les interventions chirurgicales sur les tumeurs hémorroïdaires peuvent se disséminer sur toutes les classes de la société, celles qui sont parfaitement indiquées pour les varices du membre inférieur se restreignent à peu près à la classe si intéressante des travailleurs, c'est-à-dire à ceux qui non seulement se trouvent dans des situations où se répètent des causes constantes de formation et de progression variqueuse, mais qui ne peuvent s'astreindre ni à un repos nécessaire, ni à une hygiène favorable, ni adopter les moyens coûteux de nature à arrêter ou tout au moins retarder la marche de l'infirmité dont ils sont atteints ; pour ceux-là, nous le répétons, une opération bien justifiée, et bien conduite, peut être un bienfait véritable ; d'autant que, comme nous allons le voir, la thérapeutique médicamenteuse ne peut rien pour eux, et que la thérapeutique hydrominérale n'est pas à leur portée et ne s'adapte pas le plus souvent à leur cas.

ROLE DE LA THÉRAPEUTIQUE MÉDICAMENTEUSE
DANS LES AFFECTIONS DES VEINES

Nous aurons peu de chose à dire de la thérapeutique médicamenteuse ; vis-à-vis des affections des veines, elle est d'une pauvreté extrême si tant est que l'on veuille parler des accidents aigus. Devant une phlébite aiguë, une phlegmatia alba dolens, lorsque le médecin aura prescrit le repos absolu dans une bonne position, l'enveloppement sec ou humide, il n'aura plus qu'à remplir un rôle de surveillance passive ; de médication interne point, à moins qu'il n'y ait à traiter quelque morbidité infectieuse ou diathésique rentrant dans l'étiologie de la localisation veineuse. Cependant, le rôle actif se réveillera après un certain délai ; il s'agira en effet de prévenir les tendances aux raideurs articulaires quelquefois très promptes à se manifester chez certains sujets, ou qu'une immobilité trop prolongée finirait toujours par amener chez les autres.

On a beaucoup parlé en ces derniers temps à la Société médico-chirurgicale du massage et de la mobilisation précoce dans les phlébites ; le massage et la mobilisation ont fait tant de progrès depuis quelques années dans certains milieux chirurgicaux qu'il pouvait en émaner des tentatives un peu hardies. Nous-même avons déjà relevé devant la Société de médecine (1) des déclarations étonnantes en ce sens, et nous avons eu connaissance d'accidents emboliques dus à des pratiques de massage qui pourraient ne pas tarder à se généraliser si les masseurs, aujourd'hui si nombreux, souvent si peu instruits dans leur art et si peu disposés à rester dans les limites exactes de leur pratique, pouvaient se croire autorisés, par les titres de semblables communications en milieux scientifiques, à intervenir dans les affections veineuses en général, sans un contrôle médical rigoureux. Il est nécessaire de dire qu'au médecin qui pratiquera lui-même la mobilisation et le massage chez les phlébités, ou le fera pratiquer sous sa direction, incombe toute la responsabilité de cette intervention, et de ne pas perdre de vue la gravité des embolies tardives qui pourraient être dues à un gros sectionnement thrombosique comparées à certaines petites embolies du début qui ne sont que des parcelles de caillot non encore organisé de la période préoblitérante de Vaquez.

(1) Séance du 25 avril 1896, « Le massage dans la phlébite. »

Ceci posé, nous avons besoin de fixer ce que nous croyons qu'il faut entendre par mobilisation et massage dans les phlébites, et, en le faisant, nous n'aurons pas à nous écarter des sages paroles qui ont été récemment prononcées au sein de la Société médicale des hôpitaux (1). Nous avons dit tout à l'heure que le médecin doit surveiller le malade immobilisé, afin de chercher à prévenir les tendances aux raideurs articulaires ; nous ajouterons que certaines pratiques de massage très prudent et bien localisé seront parfois très favorables au rétablissement de la circulation périphérique, à la disparition de certains œdèmes qui manifestent une tendance à persister, à s'organiser dans les tissus ; nous admettrons enfin que, lorsque des mesures de prudence légitime et que nous préférons encore voir dépasser que restreindre, auront permis la formation de ces raideurs articulaires, de ces œdèmes chroniques, des manœuvres de mobilisation, de massage doux et localisé deviendront nécessaires, associés ou non à des pratiques balnéaires dont nous nous occuperons plus loin.

Une question souvent discutée, et en effet très discutable, est celle de l'époque à laquelle on peut commencer à permettre la mobilisation, à plus forte raison la marche. Ceci dépend, en effet,

(1) Séances des 9 et 16 novembre 1930.

beaucoup de la forme de la phlébite, de la localisation et de l'importance du thrombus, de la nature même de celui-ci et de l'étiologie de l'affection. Si l'on veut prendre pour guide l'opinion certainement très scientifique de Vaquez, qui n'exige que vingt jours d'immobilisation absolue pour une thrombose des grosses veines, nous croyons que ce doit être là un minimum, et nous avouons franchement que, pour notre part, nous aurions quelque répugnance à commencer à mobiliser dès ce moment une phlegmasie de la fémorale ou de la crurale, surtout dans l'ignorance relative où l'on est de l'état des vaisseaux soustraits à l'exploration directe. D'ailleurs, Vaquez a-t-il soin d'ajouter qu'il s'est assuré alors que les veines accessibles ont cessé d'être sensibles, que l'œdème est franchement en décroissance et qu'il n'y pas eu de poussées fébriles nouvelles. Cette question des poussées fébriles, bien mise en relief par Merklen, a en effet une importance capitale ; avec lui et avec Vaquez nous insisterons sur la nécessité de prendre constamment la température des phlébités, et nous considérerons toute réaction fébrile comme pouvant être l'indication d'une nouvelle poussée de phlébite, et devant retarder d'autant la cessation de l'immobilisation. Enfin, il faut encore noter la tendance embolique (petites embolies ordinairement) de certaines endo-phlébites, syphilitiques et goutteuses particulièrement. Quant aux embolies extra-tardives (Brun, trois mois, Hallopeau, six mois), ce sont des phénomènes tout à fait d'exception avec lesquels il est impossible de tabler, et dont l'histoire clinique est d'ailleurs restée incomplète.

Enfin, pour terminer avec cette question de mobilisation et de massage, disons que nous admettons absolument la méthode prudente de Vaquez qui commence par ne permettre que des effleurages superficiels de la peau pour favoriser la circulation dans les réseaux veineux de suppléance, et la mobilisation partielle des articulation des orteils et du pied, et, quand il autorise le massage des masses musculaires, établit une zône de défense dans la région des gros troncs veineux. Nous expliquerons plus loin pourquoi nous sommes encore avec lui lorsqu'il déconseille le bas élastique lorsque le malade commence à se lever, pour ne permettre qu'un bandage roulé.

Maintenant, si nous voulions aborder la question de la thérapeutique médicamenteuse de la phlébite syphilitique, des endophlébites et des périphlébites constitutionnelles migratrices, récidivantes, des phlébites goutteuses, du rhumatisme, des éréthismes veineux, nous voyons de suite que nous aurions à nous adresser à deux facteurs : en premier lieu, le traitement de l'infection, de l'intoxication, de la constitution individuelle, de la diathèse, en un mot de l'étiologie de la phlébite, ce que nous ne pouvons avoir la prétention de traiter ici, et en second lieu le traitement de l'état du tissu veineux et des troubles circulatoires, ce qui nous intéresse de plus près ; nous voyons aussi pour chacun de ces facteurs s'annoncer une thérapeutique spéciale et très étendue : la thérapeutique hydro-minérale. Avant d'aborder cette dernière et pour en terminer avec le traitement médicamenteux des localisations inflammatoires aiguës et chronique du tissu veineux, nous ne pouvons que reconnaître la rareté des agents pharmaceutiques. Quand à part quelques applications locales mercurielles, calmantes ou révulsives, nous aurons cité le traitement ioduré, le seul peut-être vraiment efficace et nommé pour mémoire l'hydrastis canadensis et l'hammamelis virginica, d'actions quelquefois favorables, bien qu'assez peu régulières, nous aurons à peu près épuisé les ressources de la pharmacopée.

La thérapeutique hydrominérale, comme nous allons le voir, semble bien à propos venir au secours de cette pénurie, d'une part par le vaste champ qu'elle offre au traitement des états constitutionnels et des diathèses, d'autre part par la spécialisation qui s'est révélée dans le traitement des troubles circulatoires, nerveux et fonctionnels que nous avons étudiés précédemment.

Pour ce qui est des variqueux hémorrhoïdaires, en dehors des divers suppositoires qui ont été conseillés, et qui sont d'un effet fort restreint, il n'y a à noter que les traitements par les irrigations froides ou très chaudes, plus différentes que contradictoires, la première ayant surtout en vue de réveiller l'activité intestinale, la seconde de prévenir ou diminuer les congestions locales.

ROLE DE LA THÉRAPEUTIQUE HYDRO-MINÉRALE DANS LES AFFECTIONS DES VEINES.

Nous venons de prononcer le mot de spécialisation hydro-minérale, nous devons d'abord nous expliquer sur ce sujet.

La médication par l'eau minérale repose, d'une manière générale, sur un élément complexe, essentiellement variable dans sa composition, dans son action immédiate ou lointaine sur l'économie, un agent thérapeutique spécial qui a des effets physiques, dynamiques, chimiques, électriques, et qui provoque les réactions les plus diverses, et parfois les plus opposées, suivant la dose dont on se sert, le mode d'administration, soit interne, soit externe, et souvent même l'état hygrométrique. « Les eaux minérales ont quelque chose d'organique, de vivant, qui échappe encore à nos investigations de laboratoire ; les plus faiblement minéralisées ont parfois des actions plus puissantes que d'autres riches en sels variés. L'expérience clinique est la seule qui permette, à l'heure présente, de se prononcer sur l'opportunité de telle ou telle station (1). »

C'est l'expérience clinique de tout temps qui a démontré que les différentes eaux minérales avaient des actions reconstituantes, révulsives, et surtout altérantes, dont la combinaison peut aboutir à des effets spéciaux. Les eaux minérales que l'analyse quantitative rapproche et groupe dans une même classe par le fait de la communauté d'un principe chimique prédominant, peuvent avoir des propriétés thérapeutiques, sinon absolument identiques, du moins analogues. Ce que l'analyse quantitative produit pour les eaux fortement minéralisées, l'analyse qualitative paraît le réaliser pour certaines de celles que leur faible minéralisation a fait dénommer indéterminées. Ici intervient un autre facteur.

Lasègue voulait presque réduire le traitement hydrominéral externe à une question de température de l'eau, bien plus importante, selon lui, que la part de la minéralisation. L'activité très grande de certaines eaux indéterminées tièdes combat cette opinion sans la détruire entièrement, car la température élevée de certaines autres est certainement pour une part dans les effets particuliers qu'elles produisent. La ther-

(1) ARNOZAN. — In traité de thérapeutique de A. Robin, t. 1er, 1895, p. 19.

malité intervient encore d'une autre manière, elle peut transformer par ses variations la valeur thérapeutique d'une même eau ; une cure hydrominérale, identique d'ailleurs, peut être excitante ou sédative du système nerveux suivant la température à laquelle on administre les douches ou les bains ; la thermalité a également une grande importance au point de vue de la circulation. En somme, des actions nettement opposées, curatives ou nuisibles peuvent être obtenues suivant l'élévation thermique de l'eau minérale.

Les pratiques balnéaires ont aussi, dans cet ordre de choses, une importance considérable ; des effets divers, en apparence même contradictoires, peuvent être obtenus par les conditions de l'application : durée, pression, etc..., la sédation ou l'excitation pourraient être ainsi créées à volonté.

Et cependant, au milieu de tout cela, on peut dire que chaque classe d'eau minérale a déjà sa spécialisation qui se qualifie d'une manière plus étroite pour chaque source en particulier ; cette formule, qui n'a qu'une rigueur apparente, et comporte des exceptions et des distinctions, est cependant l'essence même qui doit fixer la spécialisation vraie d'une station thermale. La sédation et l'excitation qui peuvent être tributaires de la thermalité ou de pratiques déterminées, sont cependant des qualités naturellement inhérentes à certaines eaux, que cette sédation soit celle du système nerveux ou celle du système circulatoire : d'où découle ce fait, qu'en transformant par des conditions spéciales la qualité vraie d'une eau minérale, il est possible qu'on lui fasse perdre du même coup certaines de ses autres qualités physiologiques ou thérapeutiques, et que la question la plus intéressante en hydrologie, quoique la plus insoluble, soit celle de l'action naturelle d'une eau minérale, sans pour cela détruire l'intérêt qu'il y a, d'autre part, à connaître par quels procédés il sera possible de faire dévier ces attributs naturels pour les adapter à tel cas en particulier.

Les précédentes considérations ont donc trait à la résolution de cette question : *une eau minérale peut-elle se spécialiser ?* Ou plus exactement : *toute eau minérale peut-elle se spécialiser ?* nous répondrons que : *toute eau minérale peut se spécialiser dans une certaine mesure* ; nous ajouterons que : *toute eau minérale doit se spécialiser dans la mesure de ce qui est possible*, l'intérêt des malades l'exige, la juste indication du médecin qui le dirige en dépend, la prospérité même de la station en est solidaire.

La spécialisation d'une eau minérale dérive naturellement de ses propriétés thérapeutiques ; mais celles-ci peuvent, à première vue, se présenter sous une apparence de très grande généralisation. Il est d'abord facile de reconnaître de grandes distinctions comme celles qui ressortent des effets purgatifs et diurétiques, ou comme celles qu'établit une haute minéralisation par un agent spécial, les alcalins, le soufre, ou par les gaz qui s'échappent, acide carbonique, hydrogène sulfuré, azote.

Mais, en dehors de la présence à dose élevée d'un agent minéralisateur qui puisse faire d'une eau minérale un produit médicamenteux, et alors même imposer particulièrement à cette eau l'usage interne presque exclusif comme il est pratiqué, par exemple, à Vichy, il y a à considérer l'usage externe non moins intéressant, qui permet de dénoter dans les diverses eaux des qualités thérapeutiques très marquées, et souvent nullement en rapport avec le taux de leur minéralisation.

Or, c'est précisément ici que la généralisation apparente, dont nous parlions tout à l'heure, tente d'introduire une confusion qui a longtemps sévi, et que les efforts actuels des hydrologues cherchent, à bon droit, à faire disparaître. Prenons par exemple le rhumatisme subaigu et chronique, qui est certainement une manifestation morbide de laquelle se réclament, d'ailleurs fort justement, un très grand nombre de stations thermales ; nous verrons qu'il est sur le programme de stations absolument dissemblables : Aix-les-Bains et Néris, Luchon et Vichy, la Bourboule et Cauterets, Bagnoles-de-l'Orne, le Mont-Dore et les Eaux-Bonnes, Dax et Royat.

Si nous examinons les choses de plus près, nous voyons qu'Aix-les-Bains agit sur les rhumatismes chroniques sans réactions vives, et que Néris reçoit les rhumatisants éréthiques ; — que Luchon repousse les artério-scléreux et que Vichy traite les sanguins — que la Bourboule et Cauterets agissent sur la nutrition, l'une par son arséniate de soude, l'autre par son soufre ; l'une produisant une action d'épargne sur le système nerveux, la seconde excitant ce même système ; que les balnéations azotée de Bagnoles-de-l'Orne et carboniquée de Bourbon-Lancy qui remontent l'une avec sédation nerveuse, l'autre avec un peu plus de surexcitation les rhumatisants anémiés, sont moins favorables aux manifestations bronchitiques rhumatismales que le Mont-Dore ou les Eaux-Bonnes ; — que le traitement par les boues de Dax convient aux arthopathies anciennes, et que le bain chargé d'acide carbonique de Royat modifie les artérites rhumatismales chez les sujets à tempéraments nerveux non excitables.

A d'autres points de vue, les manœuvres du massage sous la douche, qui ont fait la réputation des thermes d'Aix, sont plus rarement employées à Néris, où le traitement par les bains chauds est surtout en usage ; — Luchon traite par la balnéation les manifestations cutanées des rhumatismes, et Vichy agit par la boisson sur les troubles survenus dans les fonctions hépatiques ; — Cauterets, Luchon, le Mont-Dore s'adressent aux manifestations rhumatismales des voies respiratoires, le premier par ses fines pulvérisations, le second par ses humages de vapeur, le troisième surtout par ses inhalations ; — la Bourboule donne à boire l'eau arsenicale aux rhumatisants lymphatiques, les Eaux-Bonnes l'eau sulfureuse aux rhumatisants atteints de catarrhe bronchique ; — le traitement balnéaire de Bagnoles-de-l'Orne s'adresse tout particulièrement aux manifestations vasculaires constitutionnelles, celui de Bourbon-Lancy aux cardiopathies, et celui de Royat convient à certaines neurasthénies rhumatismales.

D'un autre côté, l'essence même de quelques spécialisations ramène à un certain degré de généralisation. Pour conserver nos mêmes exemples nous remarquerons qu'Aix-les-Bains, dont le massage-douche s'adresse plus particulièrement aux rhumatismes musculaires et articulaires chroniques, admet certaines dermatoses de nature rhumatismale, est contre-indiqué chez les personnes nerveuses ou sujettes aux congestions hépathiques, mais ne rejettera pas certaines endocardites rhumatismales ; — Néris, qui se prête aux cures hâtives du rhumatisme articulaire aigu, même avec des complications cardiaques (de Ranse), et aux formes combinées aux phénomènes névropathiques, s'étend à la plupart des variétés du rhumatisme articulaire, musculaire, etc. ; — Luchon, très actif dans le traitement des dermatoses rhumatismales, ne le sera pas moins dans la plupart des formes du rhumatisme, et trouvera d'autre part ses contre-indications dans l'état du cœur et des vaisseaux ; — Cauterets, très indiqué dans les manifestations rhumatismales des voies respiratoires, agira par la méthode balnéaire dans de nombreuses formes rhumatismales articulaires et musculaires ; — la Bourboule, utile surtout dans les épanchements et épaississements rhumatismaux articulaires douloureux et pour les malades impressionnables aux brusques variations de température, traite aussi les divers rhumatismes subaigus et chroniques jusqu'au rhumatisme noueux ; — Bagnoles-de-l'Orne, dont la spécialisation s'est depuis peu d'années si rapidement affirmée dans le traitement des affections des veines, parmi lesquelles celles d'origine rhumatismale ne sont pas le moins heureusement influencées, était avant cela, et de tout temps, connu par son action sur le rhumatisme dans lequel il reconnaît à peu près les mêmes préférences que Néris ; — Bourbon-Lancy a, de son côté, fait ressortir sa spécialisation dans le traitement des cardiopathies rhumatismales ; — Royat, dont nous avons dit l'activité dans la cure des arthrites rhumatismales se réclame de presque tout l'arthritisme dans lequel il a certainement à revendiquer une part qu'il serait intéressant et utile de bien préciser. Et nous pourrions ainsi continuer en foule nos citations, depuis Saint-Honoré dont les eaux sulfurées moyennes et arsenicales s'adaptent fort bien aux bronchites chroniques des hémophiliques, conviennent de même à celles des rhumatisants et goutteux congestifs et au rhumatisme des tempéraments sanguins, jusqu'à Dax, dont les applications locales de boues donnent de bons résultats dans les manifestations rhumatismales articulaires, musculaires, viscérales, là où un traitement de bains hydrominéraux ou de bains de boues entiers ne pourrait être suivi ; de sorte que si nous voulions continuer cette énumération, nous pourrions mettre en relief tous les tons de la gamme des stations hydro-minérales qui placent à ce point de vue la France tout à fait au-dessus des autres pays.

D'autre part, le degré de généralisation normale d'une station thermale peut être augmenté du fait de la pluralité des sources différentes qui y sont captées ; mais ceci, pour être un avantage pour la pratique du médecin qui y exerce, peut être un sujet de confusion pour celui qui y envoie ses clients, et paraître causé par le désir d'étendre outre mesure le programme thérapeutique de la station. Il est rare, d'ailleurs, que des sources très différentes, soit comme nature de minéralisation, soit même comme effet thérapeutique direct, émergent côte à côte ; généralement elles sont simplement des nuances un peu diverses qui se complètent utilement.

Nous venons de dire : effet thérapeutique direct, parce qu'une autre cause de généralisation se produit du fait de la complexité des moyens balnéaires, que l'on multiplie dans les stations thermales précisément dans le but de s'adapter au plus grand nombre possible d'affections. Ceci a peut-être ses avantages, mais aussi ses inconvénients.

Ses avantages sont de mettre à la portée d'un malade, qui se trouve dans la station pour une cause ou pour une autre, un traitement qui peut lui convenir à la rigueur, alors que le même traitement, pratiqué dans une station différente avec une eau minérale d'une autre nature, lui serait beaucoup plus avantageux. Ceci correspond surtout à deux circonstances : d'abord l'utilité qu'il peut y avoir à donner des soins relativement utiles à des malades forcés d'être dans une station, par exemple comme membres d'une famille dont un autre membre suit une cure qui est bien appropriée à son affection ; quelquefois aussi à la difficulté de refuser un malade qu'adresse un médecin mal renseigné sur la station. Alors ce sont des cas d'adaptation relative. Mais si le médecin traitant aux eaux minérales peut, dans une certaine mesure, réparer la faute d'un confrère qui a adressé à tort un malade à une station peu, ou même absolument pas indiquée, quelles que soient son habileté, sa science et sa pratique, il ne saurait rectifier l'erreur primordiale de celui qui a méconnu une contre-indication absolue d'une eau à action puissante et par suite dangereuse.

Encore de ceci résulte-t-il le fait que l'on a pu chercher à créer tout un courant de malades vers une station thermale soi-disant spécialisée pour une maladie, et qu'en allant au fond des choses on peut arriver à s'apercevoir que ce n'est pas la source minérale qui se spécialise d'elle-même, mais que l'on a dû éviter presque absolument son usage et créer à côté tout un traitement hygiénique, diététique, etc., qui n'a plus aucune attache avec la localité, et peut se réaliser facilement ailleurs et là surtout où une source minérale serait moins contre-indiquée, voire même favorable à la cure ; tel est le résultat que les Allemands ont si adroitement cherché à atteindre à Nauheim, pour les maladies du cœur et dont le voyage de Huchard nous a dévoilé la véritable nature (1).

Un des inconvénients qui résultent du fait de vouloir trop généraliser les indications thérapeutiques d'une station thermale, trop y multiplier les divers procédés thérapeutiques, c'est d'abord de sembler faire un aveu d'impuissance en supprimant pour ainsi dire les contre-indications. La chose fût-elle vraie, et elle ne l'est jamais, il faudrait se garder bien de le faire connaître, pour ne pas enlever du même coup la confiance aussi utile au malade qu'au médecin ; et aussi pour ne pas amener certains accidents, ou, tout au moins, de trop nombreux résultats insuffisants qui, peu à peu, détruiraient une renommée d'ailleurs très méritée dans un cadre d'affections plus restreint.

Un inconvénient plus grave d'un tel état de choses, est la confusion qui en résulte pour le Français, et surtout pour l'Étranger qui, étant placé plus loin, a besoin d'avoir un cadre plus nettement tracé. Lorsqu'un pays comme la France est aussi riche en eaux minérales, tous ses efforts, devraient tendre à spécifier le plus possible l'action de chaque station, de chaque source, afin que de tous les points du pays, ou des

---

(1) HUCHARD.— *Journal des praticiens*, 15 décembre 1897.

pays voisins, l'attention du malade ou du médecin fût de suite attirée par le nom de la station qui convient le mieux au cas qu'il a à traiter.

Nous ne connaissons rien de si peu propre à donner confiance dans la valeur thérapeutique d'une station que ces longues nomenclatures que les établissements thermaux affichent et publient souvent sans que le corps médical ait le pouvoir de les réviser, ou sans qu'il veuille protester. Tout ce qui y est contenu peut être vrai, la forme tout au moins est fâcheuse. Pour ne citer qu'un exemple, le malade, et même peut-être surtout le médecin de passage à Vichy, qui s'arrête devant la longue énumération, affichée à la porte des thermes, des maladies traitées, a la surprise de lire : phlébites. Et cependant la chose peut avoir du vrai. Il y a des phlébites par infections hépatiques ou dyspeptiques, et tel malade couché dans son lit à Paris, ou même dans l'Inde, pourra traiter l'étiologie d'une phlébite en buvant de l'eau de Vichy, à plus forte raison en venant se reposer à Vichy même et boire aux sources. Mais le praticien de la station ira-t-il demander à ses confrères de lui adresser des phlébites quelconques, la chose n'aurait plus de sens.

Si le programme de la station est long, et il peut l'être en détail, il est tout au moins facile de le ramener sous la dépendance de têtes de chapitres, dont l'énumération suffira au médecin pour lui rappeler les observations qui auront été portées à sa connaissance, et les particularités que lui remémoreront au besoin les livres spéciaux, et qui n'égareront pas les idées ou ne prêteront pas à la critique, et spécifieront d'un mot certains faits établis.

Les stations où l'eau minérale est employée uniquement en boisson offrent moins de facilité à la généralisation, les sources purgatives en première ligne. Brides a son étiquette bien clairement écrite ; celles de Vittel, de Contrexéville ne sont pas moins nettes ; le programme de Vichy, pour être déjà beaucoup plus large du fait de la diffusion des affections auxquelles il s'adresse, a ses contre-indications trop nettes pour qu'il soit bien facile au médecin consultant de faire faire aux clients envoyés à tort des cures de complaisance. Enfin certaines eaux minérales d'une intensité d'action modérée, pourront trouver dans les observations cliniques le sens dans lequel cette action se manifeste particulièrement, et prouver ainsi une spécialisation très réelle et très efficace.

Nous avons dit que toute eau minérale *pouvait* et *devait* se spécialiser ; nous en dirons volontiers autant pour les stations thermales et les établissements thermaux. Nous voudrions en voir certains au lieu de chercher à élargir leur programme, le rétrécir ou plutôt le renfermer, comme nous l'avons dit, dans les indications les plus nettes possibles ; nous voudrions voir les établissements thermaux, suivant l'exemple donné par certains d'entre eux, employer tous leurs efforts pour s'adapter d'abord à tel traitement spécial qui attirerait l'attention du monde médical français et étranger ; qui ferait que le malade souffrant de telle affection serait sûr de trouver là le traitement le meilleur et le mieux administré qui puisse lui convenir ; ce serait, croyons-nous, un des meilleurs moyens d'assurer le succès de ces stations. Ceci d'ailleurs dans la limite de ce qui convient à un programme thérapeutique.

Sans doute l'entente, dont les praticiens ont semblé reconnaître la nécessité, remédiera à cet état de choses, et, comme la Société d'hydrologie, le Syndicat qui, sous l'impulsion de Albert Robin, vient de réunir les intérêts communs des médecins des stations thermales et de ces stations elles-mêmes, pourra faire beaucoup en ce sens.

Aux différents points de vue que nous venons d'examiner, la spécialisation de la thérapeutique hydrominérale des maladies des veines est une de celles qui doivent le plus facilement s'indiquer et le plus nécessairement s'imposer, Bagnoles de l'Orne a donné ses preuves dans cette spécialisation par la régularité des résultats reconnus tant par le médecin que par le malade lui-même.

Cette spécialisation s'adresse d'ailleurs, surtout, aux troubles circulatoires et fonctionnels, et aux phénomènes nerveux, postphlébitiques ou variqueux, en même temps que, pour une part, à l'étiologie diathésique.

Comme nous l'avons fait pour la thérapeutique médicamenteuse, nous laisserons de côté l'énumération trop large des traitements hydrominéraux particulièrement applicables aux états constitutionnels, diathésiques eux-mêmes, qui peuvent engendrer certaines affections des veines.

Ce serait aborder toute la thérapeutique de la goutte, du rhumatisme, etc., et nous ne voulons nous occuper ici que de la thérapeutique hydrominérale spécialisée aux affections des veines.

La cure pratiquée à Bagnoles-de-l'Orne pour les affections des veines consiste, pour la plus grande part, et comme cure type, dans la balnéation tiède, accompagnée d'une ingestion modérée ; plus rarement quelques arrosages ou douches, et quelques pratiques prudentes de massage s'adressent à des accidents postphlébitiques déjà anciens, à des œdèmes chroniques, des raideurs articulaires ; mais ce ne sont là que des traitements d'adjuvance complétant la cure thermale.

L'action thérapeutique de la balnéation et de l'ingestion combinées, ce que nous appelons la cure type, et celle d'après laquelle on peut apprécier l'effet réel et la valeur hydrominérale du traitement, ressort d'ailleurs des effets physiologiques eux-mêmes produits. Ceux-ci consistent en une suractivité circulatoire périphérique que font ressortir les courbes de température externe et interne (axillaire et rectale), qui tendent vers le rapprochement, comme l'a montré le Pr Bouchard (1).

Cette stimulation de la fonction circulatoire périphérique entraîne celle des fonctions cutanées et glandulaires superficielles et profondes, du foie en particulier et du rein, d'où diurèse et décharges uratiques. Sous la même influence se produit le réveil des tonicités vasculaires et viscérales.

Un second ordre de phénomènes de la balnéation se manifeste dans la sédation nerveuse que l'on pourrait peut-être rapporter à l'influence de l'azote, gaz prédominant et presque exclusif de cette source.

C'est encore de ces phénomènes que ressort l'action *altérante* antidiathésique qui forme la base des effets thérapeutiques. C'est par cet

---

(1) Censier. — Société d'hydrologie, 1899. Rapport sur le traitement hydrominéral dans les cardiopathies, et cœur, vaisseaux, etc. Voy. p. 103.

ensemble d'action que la cure de Bagnoles de l'Orne produit des effets d'une remarquable régularité dans les diverses modalités des affections veineuses que nous avons étudiées, et suivant le degré lui-même des lésions en voie d'évolution et l'état plus ou moins avancé de chronicité acquis des troubles circulatoires établis.

Nous voyons que cette thérapeutique s'adresse à un ensemble qui comprend non seulement les troubles circulatoires consécutifs, et les phénomènes nerveux, mais les tendances congestives et même les lésions régressibles des vaisseaux veineux, en même temps que, pour une part, l'étiologie diathésique qui peut les dominer, et qu'il sera loisible de l'étendre à des lésions de voisinage consécutives à certaines affections des veines.

C'est d'après la connaissance de tels effets que nous attribuons à la thérapeutique hydrominérale une part importante dans le traitement des maladies des veines, soit que l'on s'adresse à une cure simplement généralisée à un état constitutionnel étiologique, à une diathèse, soit que l'on recherche la spécialisation directe en vue de porter remède à des troubles circulatoires, à des lésions localisées encore régressibles, ou d'arrêter, retarder la progression de chronicité.

HYGIÈNE DANS LES AFFECTIONS DES VEINES. CONTENTION DES VARICES. — LE BAS ÉLASTIQUE.

Nous abordons maintenant une question qui a une grande importance dans le cours des affections des veines.

Nous laisserons encore de côté les points de vue de l'hygiène en rapport avec les facteurs étiologiques, goutte, rhumatisme, etc., pour ne nous occuper que de l'hygiène nécessitée par les lésions acquises, en voie de progression, et leurs troubles circulatoires, ce qui, en somme, est l'hygiène des variqueux, qu'ils soient porteurs de varices des membres ou hémorrhoïdaires, ou quelle que soit l'étiologie de la progression variqueuse qui les menace, les atteint.

Ainsi réduite, la question comporte, à côté de la thérapeutique, certaines données de prophylaxie chez les prédisposés, certains moyens propres à aider la marche rétrograde du mal lorsqu'il n'a pas atteint les limites de la chronicité, des mesures destinées à retarder, à enrayer la progression du mal lorsqu'il n'y a déjà plus que ce but à chercher à atteindre.

Pour bien comprendre cette hygiène, il est nécessaire de nous reporter à ce que nous avons dit de la circulation normale dans le système veineux et des troubles intrinsèques de cette circulation. Nous avons vu, par l'étude des moteurs de la propulsion du sang veineux, qu'il y avait des conditions qui lui étaient favorables, d'autres contraires, et nous avons établi que la circulation veineuse trouvait sa facilité la plus grande dans la position couchée ; que la position debout lui était défavorable, mais pouvait trouver une compensation dans l'appui régulier de la marche normale et dans la contraction musculaire répétée, pourvu que celle-ci ne fut pas poussée jusqu'à la fatigue conduisant à l'asystolie veineuse. De telles considérations, envisagées dans l'état physiologique du système veineux, permettent de tirer des conclusions très simples s'adressant au porteur de troubles circulatoires et de lésions du système veineux quel que soit le degré de ces troubles et de ces lésions. L'énumération de ces moyens est facile à faire : éviter la station debout prolongée, surtout si elle s'accompagne d'efforts musculaires contraires à la progression du sang dans les veines ; éviter aussi la position assise prolongée si l'état variqueux est assez avancé ; réveiller l'activité musculaire par la marche normale, d'une allure modérée et n'atteignant pas la fatigue, ou un exercice analogue ; en agir de même pour tout exercice musculaire. Parmi eux nous en avons principalement deux à envisager comme types d'exercices pouvant être très utiles à procurer une activité nécessaire, et pouvant être favorables ou nuisibles suivant la manière dont on les emploie ; ce sont l'usage de la bicyclette et l'équitation.

L'usage de la bicyclette peut être très utile aux variqueux comme procurant un exercice musculaire physiologique et des conditions analogues à celles de la marche normale ; on y retrouve en effet l'appui plantaire régulier, bien qu'incomplet par suite de l'étroitesse de la pédale et du moindre appui que dans la marche, puisque la majeure partie du poids du corps (pour le simple touriste) repose sur la selle ; mais de ce fait même, certains variqueux obèses trouvent là plus d'attrait que dans la marche à un exercice musculaire qui leur est si favorable à double titre. Quant à la distribution de l'action musculaire, elle est peut être plus généralisée que dans la marche elle-même ; l'évolution complète du coup de pédale bien donné comprenant, avec chaque membre, l'appui et le relèvement du levier ; de plus une habitude suffisante permet la contraction très discontinue de chaque muscle. A côté de tous ces avantages, le grand défaut de la bicyclette est d'être un instrument entraînant, avec lequel il est trop facile de dépasser la juste mesure, et qui peut devenir, par l'abus, facteur de formation et de progression de l'état variqueux dont tout sujet menacé ou atteint devrait rester soumis à la formule suivante : usage régulier mais modéré, sur bon terrain sans côtes dures, à une faible vitesse, et pendant des périodes de temps répétées plutôt que prolongées, en un mot : exercice et non fatigue musculaire.

L'équitation peut également avoir des avantages et des inconvénients particuliers ; répétons d'abord encore une fois que l'abus, comme celui de tout exercice violent où les jambes ont une grande part, peut amener rapidement des varices de cette région comme on l'observe dans les écoles de cavalerie, surtout lorsqu'il s'y ajoute une dose de prédisposition individuelle. Maintenant si nous examinons la position du cavalier, nous voyons que l'adhérence à la selle de la face interne de la cuisse, surtout lorsqu'elle s'accompagne d'un effort prolongé, peut nuire au libre parcours du sang dans les veines ; mais il est bon d'ajouter que l'effort des muscles de cette région est loin d'être continu; et tout cavalier sait qu'en dehors des moments de lutte, la bonne position de la cuisse n'implique pas un effort, et qu'il tient plus par l'assiette que par la pince des genoux. Au-dessous du genou, les muscles de la jambe ont aussi un rôle très actif soit pour envelopper le cheval avec plus ou moins de force, pour exiger la progression et les déplacements, soit pour concourir même en certains moments à la solidité, comme dans le saut. Au trot enlevé (trot à l'anglaise), se retrouve aussi un certain degré d'appui plantaire, qui est favorable à la propulsion du sang veineux, et qui permet de considérer cette tenue active du cavalier à l'allure du trot comme plus favorable au variqueux que la tenue plus passive qu'il peut conserver au pas ou au galop, et qu'il a intérêt à y revenir pour couper les temps de pas ou de galop trop prolongés, en exagérant peut-être cet appui, aux dépens de celui du genou.

La position de l'amazone serait plus favorable que celle du cavalier pour le membre gauche qui n'appuie que faiblement sur la selle par sa face interne, mais la fourche, embrassée par le jarret droit qui s'y fixe plus ou moins fortement, peut devenir une cause d'arrêt du sang dans les veines de la partie postérieure du mollet droit dont le pied n'a pas non plus d'appui ; disons, cependant, que cet effort pourra être très restreint, que l'appui principal se fait sur la région surtout externe de la cuisse droite et qu'à tous points de vue l'amazone variqueuse, si elle n'est pas obligée par sa profession, a intérêt à monter des chevaux qui ne lui demandent que peu d'efforts ; et, même pour elle, des temps de trot enlevé seront favorables.

Nous serons forcément plus sévère pour un autre sport, celui des armes. La position du membre inférieur gauche y est particulièrement défavorable ; c'est la station debout prolongée avec une contraction musculaire soutenue en forme de contracture ; le rôle du membre inférieur droit avec ses appels de pied et ses contractions encore très fortes et prolongées, ses décontractions rares et courtes n'est guère plus favorable ; tout semble fait, dans cet exercice, pour conduire à l'asystolie veineuse, et la statistique des varices chez ceux qui s'y adonnent en est la preuve.

Quant aux variqueux hémorrhoïdaires qui sont presque toujours des arthritiques, voir même des goutteux, leur hygiène se composera avant tout de régime et du traitement antidiathésique. Pour leur localisation variqueuse, lorsqu'elle n'a pas atteint un degré qui nécessite une intervention opératoire, il y des choses à éviter, d'autres au contraire qui seront favorables.

Ce qu'il faut avant tout éviter, c'est la constipation et tout ce qui peut la favoriser. A un double titre se place ici la station assise, surtout prolongée, et sur un siège mou et chaud, et aussi sur ces ronds de cuir qui favorisent si bien la progression et l'extériorisation des tumeurs hémorrhoïdaires ; le siège canné est ici le meilleur. Quand le fait du coussin mou et chaud se complique d'une vibration prolongée comme dans les voyages en chemin de fer, l'inconvénient est encore plus grand, et l'hémorrhoïdaire devrait toujours se munir d'un plateau canné qu'il placerait par-dessus le coussin de la voiture, de même que le variqueux des membres doit éviter de rester les jambes pendantes en voiture et en wagon.

Un exercice convenable entrera aussi dans l'hygiène nécessaire à l'hémorrhoïdaire et la bicyclette pourra lui convenir s'il en use modérèrement et y adopte une position bien assise. L'équitation elle-même sera plutôt favorable si on en use comme d'un exercice hygiénique ; et le trot enlevé devra encore couper assez fréquemment les temps de pas et de galop. On accuse, d'après nous, l'équitation de méfaits qui ne lui sont pas imputables, et dont une part nous paraît devoir être rejetée sur l'excellent appétit que développe cet exercice, et sur la table trop richement servie qui attend trop souvent les adeptes. Cependant, nous répétons que les hémorrhoïdaires doivent certainement éviter le prolongement exagéré de l'allure du pas en particulier.

Mais ce n'est pas tout pour les varices des membres qu'une hygiène de repos et d'exercice bien dirigée ; quand la paroi des veines a avoué sa faiblesse ou sa déformation il faut lui venir en aide directement par la contention, et c'est encore là une chose des plus délicates à bien réaliser. Rappelons d'abord avec quels facteurs il y a à compter. Les veines sont des canaux élastiques en relation avec des masses musculaires qui varient de forme et de consistance par la contraction. La tension intra-veineuse, qui subit de par l'effort musculaire plus ou moins brusque des coups de bélier localisés, éprouve suivant la position du corps des différences énormes. Delbet l'a démontré par l'étude qu'il a pu faire sur un sujet variqueux qui a bien voulu se prêter à cette expérience. Un dispositif de manomètres mis en communication directe avec la veine saphène interne a révélé que la pression, qui était de 16 millimètres pour le segment supérieur ou cardiaque de la veine, montait à 20 lorsque le sujet était assis, à 40 dans la position debout, et qu'un effort faible la portait à 160, un effort très violent à 260 ; dans le segment périphérique les pressions variaient de 30 à 100 millimètres (1).

Rappelons enfin que les lésions de la progression variqueuse, tant dans l'intimité de la paroi du vaisseau que par l'envahissement conjonctif des tissus ambiants, y transforme les conditions

---

(1) DELBET.— Du rôle de l'insuffisance valvulaire de la saphène interne dans les varices du membre inférieur. Leçons de clinique chirurgicale, 1899.

de l'hydraulique, et nous aurons une idée des difficultés auxquelles se heurte une bonne contention des membres variqueux.

Les difficultés viennent, d'autre part, de la manière dont la contention elle-même peut être exercée ; deux moyens d'ailleurs bien imparfaits existent : le bandage roulé fait, avec ou sans interposition de ouate, à l'aide de bandes de toile simple ou mieux de bandes plus souples, en flanelle, en tissu de tricot, en tissu créponé dit de Velpeau, pour quelques-uns même avec une bande de caoutchouc ; en second lieu, le bas, qu'il soit ou non d'un tissu élastique dont les échantillons eux-mêmes offrent de grandes variétés.

Si l'on veut établir un parallèle entre ces divers modes de contention, on peut d'abord dire que le bandage roulé est le moyen le plus exact pour faire une bonne compression bien en rapport avec l'état des lésions, bien adapté avec les besoins du moment ; c'est, en tout cas, le seul que nous puissions admettre pour les suites de phlegmatia, et jusqu'à ce que le membre ait recouvré son calibre normal, soit par disparition de l'œdème, soit par reformation des masses musculaires. Mais le grand inconvénient de ce bandage c'est qu'il a besoin d'être fait avec beaucoup de tact, et par une main expérimentée ; et que, lorsque le malade marche, il peut tendre à se déplacer. Aussi la contention vraiment pratique, en rapport avec la vie active, est-elle le bas élastique, malgré ses multiples inconvénients que nous passerons en revue afin de tirer le meilleur parti possible de ses qualités.

La théorie de la fabrication du bas élastique consiste dans le tissage combiné de fils de caoutchouc avec des fils de coton, lin ou soie, de façon à obtenir un tissu prêtant dans le sens de sa largeur, mais rigide dans sa longueur. Ces deux conditions permettent de confectionner des formes enveloppantes destinées à maintenir les chairs molles, variqueuses ou autres, se prêtant, grâce à leur élasticité latérale, à se modeler sur les formes sur lesquelles on les applique tout en les comprimant pour les ramener à leur volume normal. La combinaison du fil ordinaire au fil de caoutchouc est indispensable. Un fil de caoutchouc ne peut être considéré comme d'une élasticité indéfinie ; n'offrant en raison de son exiguité qu'une résistance minime et inappréciable pour les résultats thérapeutiques que l'on recherche, il s'étirera jusqu'au moment de sa rupture, sans que l'on puisse observer, lorsqu'on atteindra ce moment, une résistance plus grande et utilisable ; mais, si on le recouvre d'une couche de fil de soie dans lequel on l'enserrera bien régulièrement, ce fil n'aura plus la même élasticité, et il offrira d'autant plus de résistance à l'allongement qu'il sera plus comprimé.

C'est cette propriété qui est utilisée dans la fabrication des bas à varices, et dans la graduation des tissus en tissus de 4e, 3e, 2e ou 1re qualité, suivant que ces tissus seront élastiques du moins au plus, en disant encore d'un tissu peu élastique qu'il est nerveux, et d'un tissu très élastique qu'il est souple. Partant de là, si on prend un fil de caoutchouc de section x, variable chez chaque fabricant, et de 10 centimètres de longueur, on obtiendra, en l'enveloppant de soie, un fil qui sera dit de 4e qualité si, après le revêtement, ce fil est capable de s'allonger jusqu'à 36 centimètres par exemple, et de même, de 3e qualité s'il peut s'allonger jusqu'à 38 centimètres.

Comme le fil superfin sera enveloppé d'une longueur de fil de soie moins grande que l'extra-fin, le tissu obtenu avec lui sera à la fois plus souple et plus mince. De même un fil de 4e qualité exigeant, pour être plus nerveux, une plus grande quantité de fil de soie, (enroulé sur cette longueur base de 10 centimètres), sera plus épais et donnera un tissu à gros grains. Il devrait aussi être le plus cher, mais les fabricants parent à cet inconvénient en substituant du fil de coton à une certaine quantité de fil de soie. Par ce procédé ils abaissent les prix, et les graduent suivant qu'ils veulent obtenir des tissus de plus ou moins belle qualité, diminuant la proportion du coton au fur et à mesure qu'ils veulent produire des tissus plus souples et plus fins, et pour arriver à la supprimer complètement dans les tissus superfins.

Comme on le voit, la résistance du bandage élastique, qu'est le bas fait de ces tissus, peut varier dans de grandes proportions suivant le type que l'on choisit. Maintenant, si on nous demande s'il y a un procédé capable de fixer exactement le choix du tissu à employer d'après l'état du membre auquel il est destiné, nous répondrons que nous ne voyons qu'une délicate question d'appréciation basée sur l'état du membre d'une part, et sur la somme et le mode de travail qui lui est demandé ; d'autant même que les numéros sous lesquels sont classés les tissus peuvent varier eux-mêmes suivant la main qui les tisse, du fait seul de la manière dont est lancée la navette.

Si en effet il s'agit simplement de maintenir des varices externes sans complications, une constriction assez faible pourra suffire, d'autant que, pendant l'effort musculaire, les veines variqueuses seront comprises entre le tissu élastique et la tension qui leur vient du dedans ; mais il faudra encore une résistance différente si le sujet a une vie peu active, beaucoup de repos, ou s'il est contraint à une station debout habituelle, à une marche prolongée, et de même dans les autres cas. Cependant nous croyons qu'il faut mettre les malades en garde contre une tendance fréquente à porter le bas trop serré ; ils y trouvent certainement une confiance qui les pousse à exagérer de plus en plus en ce sens. Or cette manière de faire a l'inconvénient de changer l'équilibre musculaire ; les muscles des membres dont les fonctions doivent s'exécuter dans le sens de leur longueur trouvent un point d'appui sur toute leur continuité et peuvent s'adosser à cette paroi dont on les entoure. On voit bien les conséquences de ce changement d'équilibre si l'on vient à supprimer brusquement un bas trop serré; on assiste à un affollement musculaire, capable de laisser les malades pendant quelques heures dans un défaut complet de coordination motrice. De plus, le bas élastique trop serré a le défaut d'anémier les tissus périphériques en refoulant le sang veineux vers la profondeur. Bien que la direction des valvules des veines de la continuité de la jambe indique une tendance à cette direction, il ne faut pas qu'elle soit exagérée ; et toute différente en ce sens est l'aspect de la peau sous un bandage méthodiquement roulé, en exceptant la bande de caoutchouc, ou un bas trop serré. Or, nous ne devrons pas perdre de vue que c'est au rétablissement de l'équilibre circulatoire périphérique que nous avons cru devoir attribuer une part des résultats de la cure de Bagnoles-de-l'Orne. A ce point de vue encore, nous avons une préférence marquée pour les bas à larges mailles, étouffant moins les éléments de la peau qu'un tissu trop serré. D'ailleurs, un bas élastique trop étroit peut arriver à entraver même la circulation profonde, surtout pendant le repos. Enfin, le bas élastique trop serré peut encore conduire à l'atrophie musculaire, et il se formera un cercle vicieux en ce sens qu'on recherchera un bas de plus en plus étroit à mesure que les masses musculaires diminueront de volume.

Maintenant, à quelle hauteur doit s'arrêter le bas élastique ? Cela paraît dépendre essentiellement de la localisation des varices, et pourtant la pratique montre combien il est difficile de faire qu'un bas dépassant la hauteur du jarret puisse aller bien. Au niveau du genou, la flexion produit des plis qui croiseront précisément la direction des veines superficielles, et, de plus, elle entraînera le bas en laissant en arrière le creux du jarret sans soutien, surtout sur une jambe un peu grasse.

Or, nous ne connaissons pas de dispositif capable de bien remédier à ce défaut, si ce n'est l'interposition de ouates ou de petits ballons de caoutchouc à demi gonflés d'air ; mais cela est d'une application délicate, et ce qui souvent est encore le plus simple pour le genou est la ouate et la bande, quitte à mettre un cuissard au-dessus si cela est nécessaire. D'ailleurs moins les flexions du membre auront à s'exercer, moins ces inconvénients existeront, et le bas complet pourra fort bien convenir dans certaines professions debout.

On a encore cherché à remédier à ces difficultés en créant le bas lacé soit en peau de chien, soit en tissu élastique ; le manque d'élasticité du premier, la dureté de la ligne des lacets pour les deux causent de nouveaux inconvénients sans améliorer grand'chose, et ne les indiquent guère que pour des cas tout particuliers. Dans cet ordre de choses, un modèle intéressant est le bas confectionné avec des bandes étroites de caoutchouc cousues en spirale ; il est d'une grande élasticité, peut quelquefois mieux qu'un autre s'adapter aux formes de la jambe, et s'il arrivait à être fait avec un tissu spécial à mailles larges, il gagnerait encore quelque chose.

Comme on le voit, nous estimons que le choix du tissu et la confection du bas élastique nécessite toute la sollicitude du médecin et les soins minutieux du fabricant ; de trop nombreux méfaits sont attribuables à des bas mal conditionnés, ou appliqués dans de mauvaises conditions, à des moments inopportuns ; mais il faut reconnaître aussi que la forme de la jambe, l'état des organes peut diminuer ou augmenter beaucoup les difficultés dont nous avons parlé, dues à la fabrication du tissu.

APPENDICE

BAGNOLES-DE-L'ORNE

	Pages
Historique	75
La station hydro-minéro thermale en 1901. (Situation. Hôtels. Villas. Promenades. Excursions	83
L'établissement thermal	91
La thérapeutique	94

HISTORIQUE DE BAGNOLES-DE-L'ORNE

A l'ouverture du siècle, Bagnoles-de-l'Orne se trouve être une station thermale en pleine voie de prospérité.

Mais faut-il dire que c'est une station à la mode, où les attraits du plaisir ont tout fait ? Ce serait là une erreur que tous ceux qui y sont allés pourraient démentir ; de plus sérieux motifs sont en cause. Les débuts de cette ère de prospérité remontent, en effet, au moment où a été dégagée la connaissance de l'activité de la Grande Source dans les maladies du système veineux, spécialisation qui a fait de Bagnoles-de-l'Orne une station d'un intérêt unique pour le corps médical, et pour une nombreuse clientèle.

Comme pour toutes les choses très anciennes, les commencements de Bagnoles-de-l'Orne se perdent dans la légende. Ce sont d'abord les cerfs poursuivis par les meutes des Seigneurs du pays qui reprennent des forces nouvelles lorsque, sur leur fins, ils pénètrent dans la gorge et viennent se désaltérer et baigner leurs membres tremblants aux eaux de la source.

C'est ensuite la résurrection du vieux cheval de guerre et de chasse du sir Hugues, Seigneur de la Ferté-Macé, Tessé, Couterne et autres lieux ; fourbu avant l'âge, comme son maître, par leur rude métier, le pauvre animal couvert de blessures et de rhumatismes, et rendu à la liberté, se dirige aussitôt où son instinct le guide, vers la source minérale, et....., sa cure faite, il regagne, tout guilleret, le logis de son maître, prêt à reprendre son service. Emerveillé, celui-ci s'empresse de suivre les traces laissées par son bon serviteur ; et, après une hésitation, bien naturelle en son temps, devant des eaux dont les vapeurs chaudes pouvaient faire craindre une origine diabolique, se décide, en se signant, à se baigner et à boire. Son courage est récompensé, car il retrouve une jeunesse et une verdeur toutes nouvelles, qui lui permettent de contracter heureuse et féconde alliance avec la dame de Bonvouloir.

Mais la légende ne satisfait pas tous les genres d'esprits, et en particulier, peut-être, le septicisme médical. C'est sans doute sous cette influence que notre regretté confrère, le Dr Legallois, de la Ferté-Macé, a cherché et retrouvé les origines de Bagnoles (1).

(1) Origines de Bagnoles-de-l'Orne, par le Dr Legallois. La Ferté-Macé 1889.

Dans le livre du Dr Legallois, le souvenir du cheval poussif subsiste encore, mais juste assez pour influencer l'esprit, non plus de sire Hugues, mais de Guyon des Essarts qui, au XVe siècle, était possesseur des terres de Bonvouloir, et fut, sans doute, le premier baigneur de la future station thermale. Il remporta de sa cure de sérieux avantages par le rétablissement d'une santé épuisée, et....., la naissance d'un héritier longtemps attendu.

C'est donc du XVe siècle que paraîtrait dater la réputation de la source thermale de Bagnoles ; ou, du moins, c'est à cette date que permettraient de remonter les souvenirs historiques qui s'y rattachent ; cependant, certains auteurs croient pouvoir lui reconnaître une renommée bien plus ancienne à l'apparence de son nom seul et de ses dérivés possibles : *balneum, bagneum, bagneolum.*

Cela peut-il suffire, à défaut de substructions ou autres traces authentiques, à nous faire dire avec le folâtre académicien : Il y a du romain là dedans ! Nous laissons à de plus compétents le soin de le prouver. Notre rôle est beaucoup plus restreint, et nous n'accepterons que les faits reposant sur les documents existants.

L'origine de l'Etablissement thermal de Bagnoles-de-l'Orne, date en réalité de 1644, époque à laquelle une sentence du grand maître des

Eaux et Forêts de Normandie réunit l'emplacement des bains de Bagnoles au domaine de sa Majesté, et ordonne que les bains soient affermés au profit du Roi.

Un arrêt du conseil d'Etat, daté du 10 juin 1687, concéda la surveillance de la fontaine à deux associés dont l'un était J. B. Legeay, chirurgien à Alençon, et l'autre, François Laloë, médecin à Falaise. Cette concession est le point de départ de l'Etablissement thermal, sous le rapport médical.

Mais le premier directeur dont un acte de publicité soit resté, fut, en 1692, le quatrième propriétaire : Hélie, sieur de Cerny, qui, dans une supplique à *Messieurs, messieurs les docteurs de la Faculté de Paris*, déclare que « en donnant ce petit traité au public, nul intérêt n'y a part que celui des personnes affligées de maladies. »

« Plus loin, il indique que la source merveilleuse de Baignoles est située à une lieue du bourg de la ville de la Ferté-Macé, et huit lieues de la ville d'Alençon. Il ne fallait pas effrayer le client par la distance, et l'Intendant des eaux trouvait naturel de raccourcir le chemin sur le papier (1). »

(1) Dr LEGALLOIS (loco citato).

Hélie de Cerny eut aussi charge de créer un Etablissement thermal pour remplacer les vieux hangards qui abritaient la source et les piscines naturelles creusées dans le sol même, et d'organiser le service médical. Un acte en date du 15 octobre 1718, et déposé aux archives nationales (titres domaniaux, Orne, Carton, P. 872) porte au nombre des charges des propriétaires : « *Faire construire incessamment à leurs frais, un bain particulier pour les pauvres ; deux autres bains séparés, un pour les hommes, l'autre pour les femmes ;* » Etablir un médecin « *Intendant des eaux* » pour « *avoir soin du gouvernement des malades* » et « *commettre aux dits bains des personnes de l'un et l'autre sexe, fidèles, capables et expérimentées à l'usage de baigner* (1). »

Rappelons encore que « vers 1820 le marquis Noyer d'Argenson, ministre du roi, insiste souvent, et pendant plusieurs années, auprès du propriétaire des eaux de Bagnoles pour demander que le roi puisse y envoyer ses militaires malades, parce que, disait-il, l'efficacité des eaux était reconnue, et qu'il était onéreux pour Sa Majesté d'envoyer les malades dans les Pyrénées et à Bourbonne. En conséquence, un hôpital militaire fut créé à Bagnoles, et reçut à la fois de 120

---

(1) Dr LEGALLOIS (loco citato).

à 140 hommes ou officiers. L'administration militaire y enverrait encore ses malades si M. Desnos, propriétaire, après Lemâchois (1840), n'avait, à l'expiration du traité avec l'Etat, trouvé insuffisante l'allocation donnée pour ce service, ou, suivant d'autres dires, ajoute l'auteur d'une récente notice qui a bien connu la famille Desnos, « si en écrivant ses offres de « prorogation, M. Desnos, sourd au conseil des « habiles, ne s'était pas refusé à user de poudre « d'or (1). »

Telle fut la progression des débuts de l'Etablissement thermal, et l'on trouve dans les ouvrages que nous avons cités, de très intéressants détails sur la première partie de son histoire ; mais nous ne voulons pas nous y attarder ici, ayant principalement en vue de renseigner sur son état actuel.

Donc, après divers progrès et fluctuations sous les gestions des frères Gilles et Gabriel JANVRIN (1797-1813), Alexandre LEMACHOIS (1813-1840) auquel fut due la meilleure partie des bâtiments anciens, de DESNOS (1840-1856), de BENARDEAU (1856-1865), de RICHARD, avec GUILLER-

---

(1) Notice historique et médicale sur les eaux thermales de Bagnoles-de-l'Orne, par le Dr H. Ledmé (Caen, 1844) et guide du baigneur aux eaux minérales de Bagnoles-de-'Orne, par le comte de Blanzay (1885).

Galland (1865-1879), de Louis Vabre (1879), Lescanne-Perdoux s'associe en 1889 avec M. Duparchy resté depuis un des principaux propriétaires de l'Etablissement thermal et de ses dépendances.

Malgré les difficultés inhérentes à une œuvre de ce genre, car il fallait arriver, pour suivre la progression à laquelle était appelée la station, à une réfection qui devait presque équivaloir à une création nouvelle, M. Duparchy ne se découragea ni ne douta jamais de l'avenir de Bagnoles ; absorbé par d'autres grandes entreprises, il sut s'entourer d'hommes dont la compétence, en matière financière aussi bien qu'en travaux spéciaux, lui fussent d'un précieux concours. C'est ainsi que se fonda, après quelques tâtonnements, la société actuelle, sous la Présidence de M. Georges Hartog, qui, passant depuis de nombreuses années ses étés à Bagnoles, dans sa villa norvégienne connaît bien la station et ses besoins, et a su décider la Société à réunir les capitaux nécessaires pour bâtir les nouveaux bains et les nouveaux hôtels de l'Etablissement thermal.

Un des points les plus délicats à mener à bonne fin était, sans risquer d'amener aucune perturbation dans l'arrivée aux griffons des sources thermales, de s'opposer à certaines pertes qui diminuaient la quantité d'eau utilisable, et dont le concours pouvait permettre d'augmenter le service balnéaire. Mais ceci nous amène à jeter d'abord un coup d'œil sur l'ensemble de la station.

LA STATION HYDRO-MINÉRO THERMALE DE BAGNOLES-DE-L'ORNE EN 1901

Situation. — Hôtels. — Villas. — Promenades. Excursions.

A ceux qui ne connaissent pas encore Bagnoles-de-l'Orne, nous aimerions à montrer rapidement ce qu'est cette gorge pittoresque, déchirant la ligne des collines de Normandie couvertes de leurs magnifiques forêts, au milieu desquelles la coquette station semble vouloir se cacher. Le coup d'œil est des plus attrayants lorsque, de la plate-forme de la gare, on découvre, au milieu des masses imposantes de verdure et de rochers, les coquettes villas et les hôtels bâtis au bord du lac ; l'hippodrome, dominé par la côte rocailleuse, avec ses tribunes ; le Casino, si bien situé en face du lac encore récent refuge des cerfs à l'hallali, et dont les eaux vont se perdre au loin sous les hautes futaies : l'attraction augmente lorsque, se dirigeant vers les sources bienfaisantes, on s'engage dans l'ombreuse allée du Dante, si recherchée des peintres pour ses effets de roches et de dessous de bois, variés à l'infini par les jeux de lumière ; et, plus tard encore, lorsque voulant mieux connaître un pays dont le charme s'impose, on découvre sans cesse de nouveaux points de vue d'une inexprimable beauté, et les antiques châteaux cachés derrière leurs hautes allées de hêtres.

Mais ceci sortirait de notre cadre, et nous devons nous borner à donner de simples renseignements pratiques, nécessaires aux médecins, aux baigneurs, voire même aux touristes.

La station hydro-minéro thermale de Bagnoles-de l'Orne est curieusement isolée dans notre belle France, dans la région Ouest où n'existe aucune autre source thermale importante. Elle est dans la partie sud-ouest du département de l'Orne, presque sur les confins de la Mayenne, et entre les villes d'Alençon (environ 50 kil.), de Domfront (20 kil.), de la Ferté-Macé (6 kil.), vers le centre d'un important contrefort des collines de Normandie étendu de Séez à Mortain, couronné de vastes forêts la plupart domaniales, forêts d'Ecouve, de Monnaie, de La Motte, de la Ferté-Macé, des Audaines, et coupé de gorges abruptes, (Saut de la biche, gorges d'Antoigny, de Bagnoles, de Domfront, etc.), qui font de cette région une des plus pittoresques de France.

C'est dans la gorge même de Bagnoles que s'ouvrent les griffons de la source thermale.

La vigoureuse impulsion de M. Albert Christophle, député de l'arrondissement, dont un des principaux domaines, (le Gué aux biches), est tout voisin, a permis l'extension de la station par échange avec l'Etat d'un lot de forêt dans lequel s'est bâtie l'agglomération de coquettes villas qui émergent des bouquets d'arbres, le long des boulevards tracés dans la zone forestière, ou autour du lac, avec le casino et plusieurs hôtels, dont le Grand Hôtel, tout nouvellement construit. C'est là aussi qu'est située la station du chemin de fer de la ligne de Briouze à Couterne, qui se relie, à Briouze, à la grande ligne de Paris-Granville, et, à Couterne, à celle d'Alençon à Mortain, voies par lesquelles se font les nombreuses communications avec Cherbourg, Caen, Rouen, etc., d'une part, avec Chartres, Tours, Bordeaux, Nantes, Rennes, Brest, etc., de l'autre.

La rivière de la Vée, qui traverse le lac, s'engage, à sa sortie, dans la gorge de Bagnoles, où est situé l'établissement thermal avec ses pavillons de bains et ses bâtiments d'hôtel. A l'autre extrémité de la gorge commence une nouvelle agglomération de villas et d'hôtels qui se groupent autour du bourg de Tessé-la-Madeleine, dont le centre est à moins de deux kilomètres de la gare.

Ces deux agglomérations du nouveau Bagnoles et de Tessé-la-Madeleine constituent la station thermale, et offrent aujourd'hui, dans les hôtels et les villas en location, asile selon leur goût aux voyageurs et baigneurs dont le nombre rapidement croissant s'est trouvé, dans un moment critique, supérieur à celui des locaux aménagés pour les recevoir.

Ainsi constitué, situé au centre de ces magnifiques forêts, ayant en outre à sa disposition les deux vastes parcs de l'établissement thermal et du château de la Madeleine plantés d'essences résineuses, Bagnoles se trouve être une station de vie au grand air et le centre de promenades et d'excursions d'un grand intérêt. Le casino, d'autre part, concourt à la gaîté par ses concerts, ses représentations théâtrales et ses fêtes ; le champ de courses, (attenant à la gare), est, au mois d'août, le lieu de réunion des sportmen et d'un lot nombreux des plus beaux échantillons de l'élevage normand.

La vie est facile à Bagnoles-de-l'Orne, les villas en location sont nombreuses, soit dans le nouveau Bagnoles, soit à Tessé-la-Madeleine et de dimensions variées ; les prix dépendent et de leur grandeur et de l'époque de la location. Les fournisseurs et les cultivateurs du voisinage les desservent régulièrement, et quelques boutiques de boucherie, de charcuterie, d'épicerie de fruiterie, etc., complètent les ressources alimentaires.

Les hôtels sont de deux ordres : en tête le Grand Hôtel, à 50 mètres de la gare et à environ six cents mètres de l'Etablissement Thermal, offre toutes les conditions du confort moderne ; et sur le même rang le nouvel Hôtel de l'Etablissement thermal, appelé à remplacer celui que la Société a commencé à démolir, mais dont les parties les plus importantes subsistent encore.

En second ordre viennent une série d'hôtels situés soit à Bagnoles, soit à Tessé-la-Madeleine ; la pension y est de 7 à 8 fr. par jour, et la table est bien servie.

A Bagnoles aussi se trouvent la pension de famille du Castel et la villa Saint-François, où les sœurs franciscaines du Perrou reçoivent des pensionnaires au prix de 8 à 10 fr. par jour.

Cette maison est attenante à la chapelle Saint-Jean-Baptiste, paroisse du nouveau Bagnoles. Le service religieux est aussi fait régulièrement à la chapelle de l'Etablissement thermal ; le bourg de Tessé-la-Madeleine a une église assez vaste et bien desservie.

Il y a deux bureaux de postes, télégraphes et téléphone, l'un à Bagnoles même, l'autre à Tessé-la-Madeleine. Les promenades les plus faciles tout autour de l'Etablissement thermal, sont les suivantes :

Le parc de l'Etablissement thermal avec sa belle allée du Dante et ses magnifiques futaies de sapins et de pins, son verger et son point de vue de *la chaumière*, d'où l'on jouit d'un panorama superbe, vers le sud-est, sur les départements de l'Orne et de la Mayenne.

Le parc du château de la Madeleine, où s'élève le *Roc au chien*, qui surplombe la gorge de Bagnoles ; les bruyères dites de *Mille-Mottes*, beau panorama sur Couterne.

La *Montjoie*, à M. A. Christophle, député de l'Orne, qui domine le champ de course, d'où la vue s'étend sur les immenses forêts si pittoresques et si accidentées, et dont les bois rejoignent le domaine du *Gué aux biches*.

Le Château de Couterne, domaine de M. le marquis de Frotté, ancienne demeure de Jehan de Frotté, poète de la reine Marguerite de Navarre.

La *Croix Gauthier* et le domaine du *Lys de la vallée*, à M. le marquis d'Oilliamson, autre remarquable panorama sur la *Chapelle-Moche* et *Juvigny-sous-Audaines*.

Saint-Ortaire et *N. D. de Lignou*, deux pèlerinages célèbres dans la région.

En agrandissant le circuit, commencent les promenades plus sérieuses et les excursions pour lesquelles les forêts des *Audaines* et de la *Ferté-Macé* offrent de nombreux attraits.

En *forêt d'Audaines*, on visitera l'*Etoile*, rendez-vous habituel des chasses à courre, et l'*Etang des forges*, lieu fréquent des hallalis de cerfs ; le *Roc au loup*, le *Roc aux dames* et *la Roche Cropet* ; les *Sept Frères*, le *Mont en Gérome* et la *Vallée de Misère*. De la roche Cropet la vue s'étend jusqu'à la ville de *Mayenne*.

En *forêt de la Ferté-Macé*, on verra d'abord le *Rocher Broutin*, les *Gorges d'Antoigny*, la *Chapelle de Saint Antoine*, les *Gorges de Villers*, et en poussant plus loin, en *forêt de La Motte*, on trouvera le beau domaine du *Petit Jars*, appartenant à M. du Rozier, le grand éleveur de demi-sang, avec son chenil bien connu, son *Etang de Vie*, le plus beau de la région, d'où l'on aperçoit les *Roches d'Orgères*.

En dehors des forêts, de belles routes conduisent : vers le sud à la charmante propriété de *Vaugeois*, à M. Brollmann, au *château de la Bermondière*, à M. le comte d'Argentré ; au *château de Chantepie*, à M. le comte de Malterre ; au *château d'Hauteville*, à M. le comte des Cars ; au *château de Lassay* (monument historique) à la famille de Beauchesne, et aux ruines des *châteaux de Bois-frou, Bois-Thibault* ; le *château de Bois-du Maine*, la *Tour de Bonvouloir* ; vers l'ouest, *Domfront*, petite ville très pittoresque d'où se déroule un splendide panorama, et qui possède deux curieux monuments historiques, les ruines du *Donjon* et *Notre-Dame-sur-l'eau.* Vers le Nord, le domaine de *Dieu-fit*, à M. Gévelot, député de l'Orne ; l'*allée couverte de la Bertinière*, souvenir du temps des druides, le *château de Saint-Maurice* au comte de Contades ; le *château des Grais*, au marquis de Maleyssie, le château de *Rânes*, au duc de Bergues ; le petit *château de Bauvain*, en granit d'aspect caractéristique, et la ville de la *Ferté-Macé*, où l'on visitera, à la Mairie, les superbes collections, laissées en legs par le comte Gérard de Contades dont le souvenir est cher à Bagnoles. Enfin, vers l'est, au delà du Petit-Jars, le *château de Carrouges*, à la famille Le Veneur, du *Champ de la Pierre*, au marquis d'Audigné, au retour desquels on peut s'arrêter, en forêt de Monnaie, au lieu pittoresque dit *saut de la Biche.* Tout près d'Antoigny, on visitera encore les ruines du *Château de Monceaux*, et ses jardins en terrasse dans un charmant vallon.

L'ÉTABLISSEMENT THERMAL DE BAGNOLES-DE-L'ORNE ET SON HOTEL

La partie la plus intéressante de Bagnoles-de-l'Orne est l'Etablissement thermal, puisqu'il est l'origine et la raison d'être de tout ce qui existe autour.

Nous avons déjà dit quels efforts la Société qui le dirige avait eu à faire pour suivre la progression de la vogue de la station, et quels importants travaux elle avait dû entreprendre, dont l'un des principaux était la protection de la source thermale, et l'arrêt de notables déperditions qui se faisaient dans la rivière qui traverse l'Etablissement thermal.

La source thermale sort du rocher par plusieurs griffons que l'identité de leurs analyses a permis de réunir pour l'usage thérapeutique. On dut creuser une vaste tranchée entre la rivière et les griffons et les bassins où se réunissent leurs eaux, et, sur le roc même, élever en circuit, sur une longue étendue, un mur d'une grande épaisseur entièrement cimenté ; ce travail rendu très difficile par l'arrivage constant des eaux de la source qu'il fallait épuiser à l'aide de pompes puissantes, a pourtant été mené à bonne fin, et le résultat qu'on était en droit d'en attendre a été obtenu ; le débit utilisable a été accru au point qu'il a fallu agrandir sensiblement les canalisations chargées de conduire l'eau à la piscine d'abord, et de là à la rivière ; en même temps on protégeait la source contre toute infiltration venant du dehors.

L'abondance actuelle de l'eau a permis d'augmenter le nombre des baignoires, et on a construit un vaste pavillon qui est la partie réservée aux dames dont la clientèle est la plus nombreuse à Bagnoles, les salles existant précédemment étant attribuées aux hommes. Chacune de ces parties est munie de ses salles de bains minéraux simples, de bains avec douches ou irrigations diverses, de son service d'hydrothérapie chaude et froide, et de son service de massage.

La grande piscine de vingt-cinq mètres de long sur cinq de large, conserve ses attributions, avec heures réservées aux dames, aux hommes, et heures communes ; les bains y attenant servent pour les tarifs réduits.

Les services balnéaires se trouvent ainsi parfaitement organisés pour le confort et la commodité de la clientèle. Mais à Bagnoles-de-l'Orne il y avait un autre intérêt à sauvegarder pour cette clientèle, dont une partie a besoin de pouvoir trouver une installation d'hôtel attenante au pavillon des bains, des chambres d'où les malades puissent rapidement être portés au bain et en être rapportés. Plusieurs des anciens bâtiments de l'hôtel de l'Etablissement thermal étaient au-dessous de ce que demandait la clientèle, la Société a complété ses plans et ses sacrifices en décidant leur démolition et la reconstruction d'un hôtel de confort moderne.

LA THÉRAPEUTIQUE DE BAGNOLES-DE-L'ORNE

Deux ordres de sources concourent à la thérapeutique de Bagnoles-de-l'Orne.

1° Des sources thermales (25°-26° cent.) issues de griffons très rapprochés et que leur identité a permis de réunir en une seule sous le nom de « *Grande Source* » c'est elle qui donne à la station toute son importance.

2° Des sources ferrugineuses froides (10° cent.) dont l'analyse ne diffère des précédentes que par une plus grande proportion d'oxyde de fer ; elles sont employées uniquement en boissons.

La grande source, arrivée au contact atmosphérique, émet des vapeurs d'une odeur très légèrement sulphydrique qui ne se retrouve pas au goût, celui-ci est plutôt métallique. D'une limpidité remarquable et d'une belle coloration bleutée, appréciable surtout lorsqu'elle est vue sous une étendue et une profondeur suffisantes, comme à la grande piscine, l'eau des sources thermales présente une onctuosité spéciale, fort appréciée pour ses effets sur la peau. Son analyse est contenue dans le tableau suivant.

ÉCOLE DES MINES

Bureau d'Essai.

N° 12,936

Duplicata

EXTRAIT
des registres du Bureau d'essai pour les substances minérales

Paris, le 15 février 1896.

Eau minérale de Bagnoles-de-l'Orne : Grande Source (thermale) ; Certificat d'origine délivré par M. le Maire de Tessé-la-Madeleine.

On a dosé par litre d'eau :		Composition calculée :	
	grammes		grammes
Acide carb. { libre..	0.0063	Acide carbon. libre	0.0063
{ des bic.	0.0068	Silice...............	0.0135
» chloridrique	0.0102	Bicarbon. de fer...	0.0022
» sulfurique...	0.0125	» de chaux	0.0092
» phosphor....	0.0004	Phosph. de chaux...	0.0009
» arsénique...	traces	Sulfate de chaux....	0.0034
Silice...............	0.0135	» de magnésie	0.0036
Protoxyde de fer..	0.0010	» de potasse..	0.0050
Chaux.............	0.0061	» de soude....	0.0128
Magnésie...........	0.0012	Arséniate de soude {	faibles
Lithine............	traces		traces
Potasse............	0.0028	Chlor. de sodium...	0.0164
Soude.............	0.0143	» de lithium...	traces
Matières organiq^{es}..	0.0021	Matières organiques	0.0021
Total.......	0.077	Total.......	0.0754

Extrait sec à 180° : 0 g 0625.

Le Chimiste,
E. GOUTOL.

*L'Inspecteur général des mines,
Directeur du Bureau d'essai,*
A. CARNOT.

Cette analyse est celle des griffons des sources thermales réunies sous le nom de « *grande source* » ; nous avons dit que les sources ferrugineuses ne s'en distinguaient que par une plus grande proportion d'oxyde de fer, acquise par contact des roches ferrugineuses abondantes dans la région.

Une autre analyse intéressante est celle dont M. le Professeur Bouchard a donné le résultat à l'Académie des sciences(1), des gaz qu'il avait recueillis lui-même aux griffons de la grande source en 1896. Cette analyse révélait encore la fixité de la nature et de la quantité de l'azote, le fluide déjà signalé par Vauquelin et Thierry en 1847, au même taux de 95 % sur la valeur des gaz recueillis. L'analyse de M. le Professeur Bouchard donnait pour complément de ces 95 %, 5 % d'acide carbonique, desquels on pouvait encore déduire 4,5 % d'argon, avec traces d'hélium.

De ces diverses analyses doit se déduire la dénomination scientifique de la grande source, que sa multiple, mais faible minéralisation, place dans la classe si vague des indéterminées ; la nouvelle étiquette des bouteilles, se conformant à ces données, porte : *Eau silicatée, chlorurée sodique, sulfatée, phosphorique, azotée.* Cette étiquette porte en outre les indications thérapeu-

(1) Séance du 7 décembre 1893.

tiques : eau *tonique, vaso-motrice, sédative,* ceci nous fait entrer dans le domaine de la thérapeutique proprement dite.

Ce qui frappe surtout, c'est la netteté avec laquelle s'est dégagée, à Bagnoles-de-l'Orne, la *spécialisation* remarquable dans le traitement des maladies des veines : phlébites et états morbides voisins. Cette spécialisation n'a d'ailleurs, pour ainsi dire, pas d'histoire ; la station de Bagnoles-de-l'Orne avait autrefois un programme thérapeutique semblable à celui de beaucoup d'autres stations ; on traitait beaucoup de maladies du domaine de l'arthritisme, et en particulier le rhumatisme et la goutte, les dyspepsies, les maladies cutanées, les maladies des femmes. C'est, pour ainsi dire, insidieusement que, dans ce milieu et sans faire abstraction de ces affections, se sont révélés les effets dont est ressortie la particularité de la spécialisation dont nous venons de parler, et qui, une fois connue, a pris un rapide essor, aidée peut-être en cela par la connaissance plus exacte qui se faisait des maladies elles-mêmes qui la constituent.

Donc le programme thérapeutique de Bagnoles-de-l'Orne est aujourd'hui nettement établi, portant en tête une spécialisation qui lui est absolument propre, et, à sa suite, avec un enchaînement qu'explique celui même des états morbides, d'autres applications encore très bien indiquées ; nous les passerons en revue en reprenant les trois termes de notre étiquette : *tonique, vaso-motrice, sédative.*

En effet, l'*action thérapeutique* de la grande source ressort de ses *effets physiologiques* qui, envisagés au point de vue le plus naturel, bain tiède et boisson modérée, ce que nous appelons la *cure thermale type*, détermine une *suractivité circulatoire périphérique* que permettent d'apprécier exactement les courbes de température externe et interne, (axillaire et rectale), qui tendent, comme l'a observé le Prof. Bouchard (1), vers le rapprochement. Cette stimulation de la fonction circulatoire périphérique entraîne celle des *fonctions cutanées* et *glandulaires superficielles* et même *profondes*, du *foie* en particulier et du *rein*, d'où *diurèse* et *décharges uratiques*. Sous la même influence se produit le *réveil des tonicités vasculaires et viscérales.*

Un second ordre de phénomènes de la balnéation se manifeste dans la *sédation nerveuse* que l'on pourrait peut-être rapporter à l'influence de l'azote, et qui ajoute ses effets aux conditions de sédation climatérique locale.

C'est encore de ces phénomènes que ressort

(1) BOUCHARD. — Note manuscrite, in cœur, vaisseaux, etc., voir page 103.
et Rapport à la Société d'Hydrologie, id.

l'*action altérante antidiathésique* qui forme la base des effets thérapeutiques.

Les divers procédés thérapeutiques que nécessite ce programme ne se bornent pas à la cure de balnéation simple et d'ingestion prise pour type dans la recherche des effets physiologiques dont nous venons de parler, et qui détermine la spécialisation ; le praticien a en outre à sa disposition, pour modérer, renforcer et modifier les effets qu'il veut obtenir, d'abord la *nature différente* des sources thermales et froides ; puis la *variabilité* des applications externes ; et enfin les *modes* mêmes de l'*emploi de ces applications* : *balnéation simple, douches générales, localisées, locales,* où la *pression* varie encore les effets, et le *massage,* dont la pratique a fait de si grands progrès en ces dernières années.

Ce sont ces modalités diverses de traitement qui permettent aux médecins d'étendre au delà de la spécialisation la thérapeutique de la station.

Le programme thérapeutique de Bagnoles-de-l'Orne comporte donc, dans l'ordre de leur importance, les traitements suivants :

Traitement des affections du système veineux: phlébites de tous ordres ; de leurs *complications,* et de leurs *suites,* soit *circulatoires,* soit *nerveuses* ; en particulier des *phlébites* et *périphlébites récidivantes* de *l'arthritisme*, de celles de la *goutte*, du *rhumatisme veineux*, et de cette autre manifestation du *neuroarthritisme*, l'*éréthisme veineux douloureux* ; des *varices congestives* et *douloureuses*, des *stases* et *œdèmes* d'ordre circulatoire périphérique.

Cures de convalescence du rhumatisme aigu avec ou sans *atteintes cardiaques*, et en particulier, lorsque celles-ci sont encore assez récentes pour être regressibles ; mais tout en évitant les cures trop hâtives, dans la période où le malade serait encore sujet aux rechutes faciles et dans un état d'affaiblissement trop grand. *Cures du rhumatisme subaigu* et *chronique*, de la *goutte* dans ses premières manifestations, et en particulier chez les éréthiques nerveux.

Traitement des maladies des femmes : *aménorrhées, dysménorrhées, métrites atoniques* ou *éréthiques*.

Cure des *dyspepsies atoniques* et *nerveuses*, sans lésions ulcéreuses.

Traitement des dermatoses subaiguës et *chroniques* non irritables du terrain arthritique, et en particulier de l'*eczéma* ; — des *ulcères variqueux*, *cures* appropriées aux *anémies*, *chloroses*, à la *chorée* et, en général, aux états de *nervosité excitables*.

Les *contre-indications* de la cure de Bagnoles-de-l'Orne sont celles des affections aiguës, des tendances trop congestives et hémorrhagiques, des dégénérescences organiques, en particulier rénales et cardiaques, à un degré trop avancé de leur évolution.

Les cures des endophlébites peuvent être commencées lorsque le malade est bien transportable ; celles du rhumatisme aigu et des néocardiopathies, après la phase de dépression trop accentuée et de rechutes faciles.

Telles sont les limites dans lesquelles ont été renfermées les indications et contre-indications des cures pratiquées à Bagnoles-de-l'Orne.

DU MÊME AUTEUR

Bagnoles-de-l'Orne. Renseignements généraux et thérapeutiques (*Paris, 1893.*)

Bagnoles-de-l'Orne : la station minéro-thermale de l'Ouest (*Communication au congrès de l'Association pour l'avancement des sciences. Caen, août 1894.*)

Les sources minérales de Bagnoles-de-l'Orne et leurs propriétés thérapeutiques. — La cure des phlébites (*Mémoires récompensés par l'Académie de Médecine. Médaille de bronze, 1894.*)

Les phlébites à Bagnoles-de-l'Orne (*Communication à la Société de Médecine. Paris, février 1895.*)

Les phlébites, leur étiologie et leur cure, par les eaux de Bagnoles-de-l'Orne (*Communication à la Société de thérapeutique. Paris, mai 1895.*)

Nouvelle contribution à l'étude des phlébites, de leur étiologie et leur traitement, par les eaux de Bagnoles-de-l'Orne (*Mémoire récompensé par l'Académie de Médecine. Médaille d'argent, 1895.*)

Le massage dans la phlébite (*Communication à la Société de médecine de Paris, 25 avril 1896.*)

Cœur, vaisseaux. Pathogénie, pathologie, thérapeutique hydro-minérale (*Ouvrage couronné par l'Académie de Médecine (Prix Capuron 1897).* C. Carré et Naud, éditeurs, Paris, 1898.

Le Rhumatisme Veineux. Le traitement hydro-minéral des affections des veines (*Communications aux Sociétés d'Hydrologie, de Médecine, Médico-chirurgicale de Paris, 1898.*)

Rapport à la Société d'Hydrologie de Paris, sur les indications et contre-indications du traitement hydro-minéral dans les cardiopathies (*Session de 1899. Rappel de Médaille d'argent de l'Académie de Médecine.*)

CLERMONT (OISE). — IMPRIMERIE DAIX FRÈRES.

www.ingramcontent.com/pod-product-compliance
Lightning Source LLC
Chambersburg PA
CBHW070258100426
42743CB00011B/2258